축국그현대사 1

Series CHUGOKU KINGENDAISHI, 6 vols.

Vol., 1. SHINCHO TO KINDAI SEKAI: 19TH CENTURY

by Seiichiro Yoshizawa

Copyright © 2010 by Seiichiro Yoshizawa

First Published 2010 by Iwanami Shoten, Publishers, Tokyo.

This Korean language edition Published 2012 by Samcheolli Publishing Co., Seoul.

by arrangement with the proprietor c/o Iwanami Shoten, Publishers, Tokyo

through BC Agency.

중국근현대사 1
청조와 근대 세계, 19세기

지은이 요시자와 세이이치로
옮긴이 정지호
펴낸이 송병섭
펴낸곳 삼천리
등 록 제312-2008-121호
주 소 08255 서울시 구로구 부일로 17길 74 2층
전 화 02) 711-1197
팩 스 02) 6008-0436
이메일 bssong45@hanmail.net

1판 1쇄 2012년 9월 20일
1판 2쇄 2016년 9월 12일

값 15,000원
ISBN 978-89-94898-14-8 04910
ISBN 978-89-94898-13-1(세트)
한국어판 © 정지호 2013

중국근현대사

1 청조와 근대세계
19세기

요시자와 세이이치로 지음
정지호 옮김

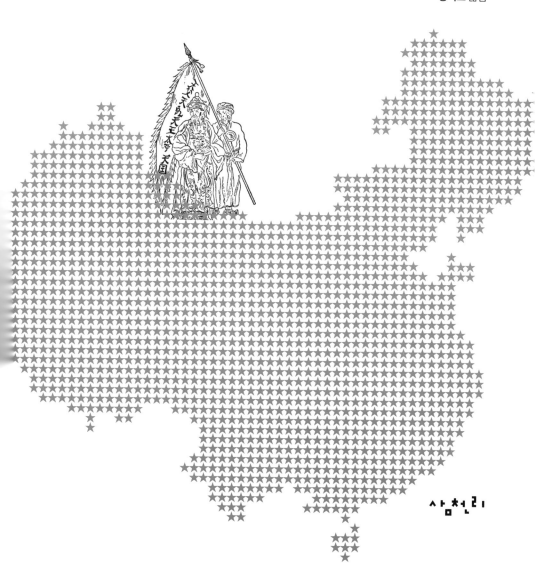

삼천리

서 론

일본의 도쿠가와(德川) 정권은 청조와 사절을 교환하는 국가 간 외교 관계를 정식으로 체결하지 않았다. 그런데 메이지(明治) 정부는 성립 직후인 1870년부터 청조와 조약 교섭을 시작해 1871년 청일수호조규(淸日修好條規)를 체결하는 데 성공했다. 그 즈음 류큐(琉球) 왕국의 미야코지마(宮古島) 선박이 타이완(臺灣)에 표류하여 선원들이 원주민에게 습격당하는 사건이 발생했다. 일본 국내에서는 보복을 위해 타이완에 군대를 파견하라는 주장이 분분했다.

이러한 정세 속에서 1873년 외무대신 소에지마 다네오미(副島種臣, 1828~1905)가 특명전권대사로 청나라에 파견되었다. 그는 톈진에서 외교를 담당하고 있던 북양대신 이홍장(李鴻章, 1823~1901)과 청일수호조규의 비준서를 교환하는 임무를 완수하고, 베이징에서 막 친정을 시작한 동치제(同治帝, 재위 1861~1875)를 알현했다. 이 과정에서 소에지마의 대담한 행동과 강경한 요구는 청조의 경계심과 위기감을 불러일으켰다.

귀국길에 이홍장을 다시 만난 자리에서 소에지마는 〈이중당(李中堂)에게 보낸다〉라는 시를 지었다. 중당이란 당시 이홍장의 직위인 내각대

학사를 존중해서 부른 것이다.

어리석은 자는 칼을 물속에 빠뜨리고서는 배에다 표시를 한다.
배가 움직이면 빠뜨린 장소를 알 수 없게 된다는 사실을 알지 못한다.
어리석은 자는 거문고의 안족(雁足)*을 풀로 고정하고 연주를 한다.
안족을 움직여 봐도 음조는 더욱더 이상해질 뿐이다.
치세는 쇠퇴하기도 하며 융성하기도 한다.
좋지 않은 기풍이라고 하더라도 어찌 자질구레하다 하겠는가.
무릇 속된 관리는 서류에만 급급하여
엄하게 세금을 거둬들여 백성을 괴롭힌다.
세상 물정을 모르는 학자는 옛 책의 글귀에 얽매여
고리타분한 주장만 한다.
그러므로 개혁을 하자면
불세출의 영웅이 필요하다.

* 거문고나 가야금 등 악기의 줄을 떠받치는 받침대—옮긴이

'불세출의 영웅'이란 물론 이홍장을 치켜세운 표현이다. 배에 표시를 한다는 것과 거문고의 안족을 풀로 고정한다는 것은 시대의 흐름을 따라가지 못한다는 비유로 중국 고전을 인용한 것이다. 게다가 소에지마는 청조의 정치가 구습에 얽매여 온갖 피해가 속출하고 있음을 기탄없이 지적하고 있다.

노련한 이홍장은 이 시에 동요하지 않았다. 소에지마를 초대한 연회 자리에서 이홍장은 이렇게 말했다.

이홍장 청말을 대표하는 정치가. 사진은 중국
번의 후임으로 즈리(直隸) 충독에 부임한 직후
에 촬영한 것이다(J. Thomson, *Illustrations
of china Its People*).

소에지마 다네오미 사가 번 출신. 외무대신 시
절 특명전권대사로 톈진과 베이징을 방문했다
(石川九楊 編,《蒼海 副島種臣書》).

　각하의 시를 몇 번이나 읽어 보았습니다만, 나라를 걱정하는 마음
은 바로 저와 같습니다. 증국번(曾國藩, 1811~1872)이 저와 함께 개혁
을 시도한 지 어느덧 10년이 다 되었습니다. 이제 각지에서 무기와 군
함을 제조하고 육해군을 훈련시키기에 이르렀습니다. 또한 올봄에는
윤선초상국(輪船招商局)을 설립하여 해운업에 뛰어들었습니다. 그러
니 연료로 쓸 석탄을 일본으로부터 수입할 수 있도록 선처해 주시면
대단히 감사하겠습니다.

　소에지마는 알았다고 대답하고 나서, 중국은 왜 탄광을 채굴하지 않
는가 하고 되물었다. 이홍장은 석탄을 채굴할 만한 기술이 없다고 설명
했다. 그리고 다른 이야기가 이어졌다. 소에지마가 작별 인사를 고하자

이홍장은 소에지마의 손을 잡고 눈물을 흘렸다고 한다. 마침내 톈진을 떠나는 날 소에지마는 이홍장에게 감사하는 마음을 담은 휘호를 써 주었다(《大日本外交文書》6卷, 192~195쪽).

소에지마 다네오미는 사가(滋賀) 번 출신으로 막부 말기에 오쿠마 시게노부(大隈重信, 1838~1922)와 함께 근왕 지사로 활약한 경력이 있다. 청나라에 파견될 무렵에는 아직 40대 중반이었지만 메이지 정부에서 외무대신이라는 중책을 맡고 있었다. 소에지마는 한문과 국학, 양학에 두루 능통했으며, 서예가로도 유명하다. 작별의 휘호뿐 아니라 앞에 인용한 시도 소에지마가 손수 지어서 이홍장에게 기증한 것으로 추측된다. 소에지마는 자기보다 다섯 살 많은 이홍장에게 뒤지지 않는 담력과 교양을 보여 주고 싶었을 것이다.

얼마 후 소에지마는 정한논쟁(征韓論爭, 메이지 정부 초기 사이고 다카모리 등이 제안한, 무력을 통해 조선을 개국시키자는 주장을 둘러싼 논쟁—옮긴이)에서 패하여 메이지 정부를 떠났지만, 뒷날 추밀원 부의장과 내무대신을 지내게 된다. 만년에는 서예가로서 명성을 떨쳤고, 박력 넘치는 독특한 서체는 오늘날에도 여전히 주목을 받고 있다. 이홍장은 그 뒤에도 20년 넘도록 주로 톈진에 머물면서 청조의 대외 정책을 담당했다. 이홍장의 지위가 흔들리기 시작한 것은 1895년의 청일전쟁에 패하면서부터이다.

소에지마가 청나라에 간 데에는 류큐와 타이완에 대한 청조의 태도를 살피려는 의도가 있었는데, 이홍장도 그 의도를 간파하고 있었다. 영토 문제는 여전히 우여곡절이 많지만, 1895년 이홍장이 조인한 시모노세키조약(下関条約)에 따라 타이완이 일본에 할양되는 것으로 일단락되었다고 할 수 있다. 그러나 그 문제는 오늘날까지 이어지는 타이완의 지위를 둘러싼 논쟁의 새로운 출발점이 되었다.

1890년 톈진의 영국 조계에 새로 완공된 빌딩에서 이홍장과 미국 공사 덴비(Edwin Denby, 1870~1929) 등이 참석한 가운데 낙성식이 열렸다. 이 행사를 주최한 이는 영국 조계의 행정기구 책임자인 데트링(George Detring, 1842~1913)이다. 데트링은 청조의 톈진 해관 세무사로 있으면서 오랫동안 이홍장과 깊은 관계를 맺고 있었다. 이 새 건물은 얼마 전 아프리카에서 전사한 영국 군인 찰스 고든(Charles George Gordon, 1833~1885)의 이름을 따서 고든 홀이라고 불렀다. 데트링은 환영사에서 이렇게 말했다.

30년 전, 당시 거의 무명이던 공병 대위 고든은 조계지를 정하고 정확한 지도를 작성했으며, 이어서 [이홍장] 각하의 군사작전에 따라 친구가 된 것으로 유명해졌습니다. 그때부터 이 조계는 조금씩 발전하여 오늘에 이르게 된 것입니다.

이에 화답하여 이홍장은 다음과 같이 말했다고 한다.

이 낙성식에 초대해 주셔서 무척 기쁩니다. 더 기쁜 일은 우리가 지금 모여 있는 이 건물이 제 탁월한 친구의 이름을 따서 지었다는 사실입니다. 그의 군사적 재능은 저와 작전을 함께하면서 비로소 두각을 나타냈는데, 그 뒤로도 저는 아낌없는 관심과 찬사를 보내며 그가 다른 나라에서 고결한 임무를 완수해 나가는 것을 지켜보았습니다. 그가 너무 일찍 세상을 떠나 가슴이 아파 견딜 수가 없습니다. 제가 지금 낙성을 선언하는 이 건물이 고든과 중국의 인연을 영원히 기념할 수 있게 되기를 바랍니다(*The Chinse Times*, 10 May 1890).

청조 관복을 입은 고든 영국 군인으로서 제2
차 아편전쟁에 참전했으며, 그 후 청조와 협
력해 태평천국을 진압했다. 관복은 청조로부
터 하사받은 것이다(A. Egmont Hake, *The
Story of Chinese Gordon*).

　고든은 영국 육군 공병대 소속의 군인이었다. 1854년 크림전쟁에 참
가하여 세바스토폴 요새전에서 전공을 세웠다. 이어 1860년 제2차 아편
전쟁(애로호전쟁) 때, 중국 파견군에 가담했다. 전쟁이 끝난 뒤에 고든은
톈진 성(城)에서 조금 떨어진 해변 지역을 측량해 주둔군의 임시 막사를
만들었다. 이것이 톈진 영국 조계의 기원이다.

　1863년 고든은 태평천국을 진압하는 상승군(常勝軍)의 지휘관에 임
명되었다. 그 무렵 태평천국을 진압하는 데 애를 먹고 있던 청조가, 관계
가 좋아진 영국 쪽에 지원을 요청했던 것이다. 상승군은 이홍장이 관할
했지만, 고든은 이홍장과 이따금 대립하면서도 청조의 승리에 크게 기여
했다.

　고든은 영국으로 돌아간 뒤로 한직에 머물면서 종교적 사색에 빠져
성서를 거듭 읽었다고 한다. 그 후 아프리카 수단 등지에서 근무하다가,

1880년 청조와 러시아가 전쟁 위기에 직면했을 때 다시 청조를 돕고자 이홍장을 찾아왔다. 1884년 수단에서 마흐디운동(mahdism)이라는 종교 세력이 확대되어 반이집트 무장 공격을 감행해 수도 하르툼을 압박하자, 주둔하고 있던 이집트군은 철수할 수밖에 없었다. 실질적으로 영국의 지배를 받고 있던 이집트 정부로부터 철수 임무를 떠맡게 된 고든은 당시 영국 수상 글래드스턴(William Ewart Gladstone, 1809~1898)의 방침과 대립하다가 1885년 마흐디 군에 포위되어 전사했다. 톈진의 고든 홀 낙성식은 그가 사망한 지 5년 뒤에 열린 행사였다.

고든은 독실한 기독교 신자였으며, 용감한 군인이자 타고난 전략가로 명성을 떨쳤다. 그런가 하면 격한 기질에 외골수 같은 성격도 지니고 있었다. 빅토리아 시대 저명인사 네 사람의 일생을 다소 풍자적인 필치로 기록한 스트래치(Lytton Strachey, 1880~1932)에 따르면, 고든의 남다른 성격은 어떤 의미에서 영국 정신의 복잡 기묘함을 체현하는 것이었다고 한다.

이 고든 홀은 톈진의 영국 조계를 대표하는 건축물이 되었다. 고든 홀 남쪽에 있는 빅토리아 공원은 빅토리아 여왕 즉위 50주년을 기념해서 1887년에 조성한 것이며, 이 부근이 톈진 영국 조계의 중심부를 이루고 있었다. 중화인민공화국이 성립된 뒤에도 고든 홀은 철거되지 않고 톈진 시 정부가 사용했다. 하지만 1976년에 일어난 대지진으로 붕괴되었고, 그곳에 다시 세워진 건물이 오늘날의 톈진 시 정부 청사이다.

근대 세계 속의 청조   이홍장은 고든이나 소에지마처럼 개성 강한 인물들과 교제할 만큼 도량이 넓은 인물이었다. 이 시기에 정치를 주도하기 위해서는 조정에서 권세를 휘두르고 있던 서태후의 지지가 절대적으로 필요했다. 이홍장은 고든이나 데트링 같은 외국인을 고용하고, 소에지마처럼 호쾌하고 만만치 않은 정치가와 교류하면서 서서히 청조를 근대 국제사회의 일원으로 만들어 나갔다. 소에지마가 이홍장을 불세출의 영웅이라고 표현한 것은 매우 적절한 평가였다고 생각한다.

청조는 18세기 말부터 다양한 정치적 곤란과 사회적 모순에 직면했다. 그 모순이 극단적으로 나타나 19세기 후반에는 민중 반란이 연쇄적으로 발생했다. 동시에 청조는 근대 세계, 그중에서도 서양 제국의 패권과 떠오르는 일본에 대응해야만 했다. 이홍장은 태평천국과 염군(捻軍) 등 반란 세력을 진압하면서 권력을 잡은 후 청조를 근대 세계 속에 자리매김하는 일을 일생의 과제로 삼았다.

근대 세계의 성립이라는 표현에는 하나의 체계화된 인류 사회가 형성되어 갔다는 의미가 내포되어 있다. 그렇다고 세계가 단선적으로 일체화되어 간 것은 아니다. 오히려 무엇보다 문제가 된 것은 경쟁에서 싸워 이길 수 있는 국가의 역량이었다. 그것은 단적으로 군사력으로 표현되지만, 그 배후에는 경제력과 기술력이 버티고 있었다.

근대 산업의 특징 가운데 하나는 동력원으로 화석연료를 사용한다는 점이다. 철도와 증기선이 대표적인데, 증기기관을 사용해 선박을 움직이는 기술은 19세기 중반 서양에서 군사적으로 이용되었다. 1840년 아편전쟁 때 청조를 공격한 영국 함대의 주요 함선은 아직 범선이었지만, 증기선도 포함되어 있었다. 미국 해군에서 증기 함선 도입을 추진한 사람은 페리(Matthew Calbraith Perry, 1794~1858)이다. 1853년 그가 일본에 올 때 타고 온 함선 네 척 가운데 두 척이 증기선이었다. 그 뒤로 증기선은 급속도로 퍼져 나가 군사뿐 아니라 물류 수송에서도 크게 활약했다. 메이지 초기 나가사키(長崎) 현의 다카시마 탄광 등지에서 채굴된 석탄은 아시아 동방해협의 기선 운항에 중요한 역할을 하게 된다. 이홍장이 소에지마에게 석탄에 관해 문의한 것은 화석연료의 중요성을 인식하고 있었다는 증거이며, 그가 말한 윤선초상국(輪船招商局)이란 증기선을 이용한 운수 기업이었다.

서양 열강은 군사적·경제적으로 경쟁하며 세계 곳곳에 거점을 확보하고자 했다. 고든 홀이 세워진 조계는 그러한 거점 가운데 하나라고 할 수 있다. 상하이와 톈진에 외국인 거주 구역으로 조성된 조계는 청조의 처지에서는 이해관계가 매우 복잡한 곳이었다. 이곳은 어디까지나 청의 영토이지만 외국인이 실질적으로 지배하는 장소였다. 한편, 이 조계에 있는 상사와 은행이 담당하는 해외무역은 세관을 통해 청조에 거액의 수입을 가져다주었다. 그리고 이홍장이 해외의 정보를 수집해 기술을 습득하고자 할 때면 조계의 외국인 사회는 빼놓을 수 없는 곳이었다. 이런 상황은 19세기 후반 청조의 체제 재건이 바다를 통한 외국과의 관계 구축에 기반을 두고 있었다는 점을 말해 준다.

청조는 본디 북방 유라시아 전통이 강한 국가였다. 하지만 근대 세계 속에서 존속을 꾀하기 위해서 타협과 자기 변혁을 할 수밖에 없었다. 거기에 담긴 고뇌와 고통, 노력과 도전은 어떠한 것이었을까? 이 책은 그 모순에 가득 찬, 그럼에도 창조적인 과정에 주목하면서 주로 18세기 말에서 1894년 청일전쟁 전야까지 청조의 역사를 재조명하고자 한다.

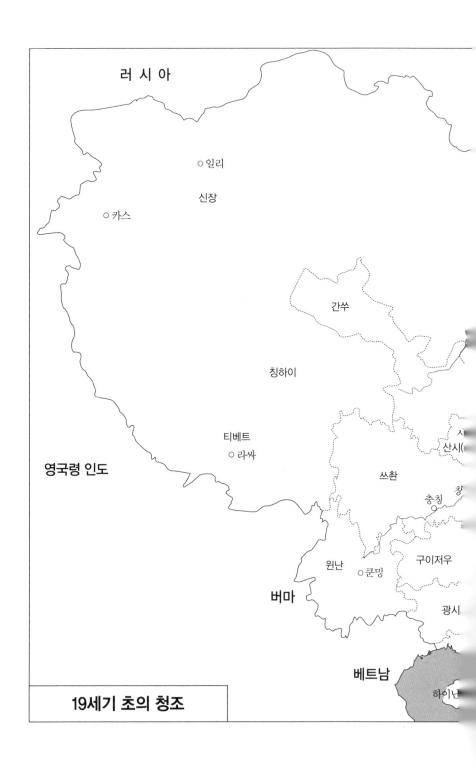

러 시 아

○일리

신장

○카스

간쑤

칭하이

티베트
○라싸

영국령 인도

산시(

쓰촨

충칭○ 창

윈난 ○쿤밍

구이저우

버마

광시

베트남

하이난

19세기 초의 청조

야흐타

헤이룽강

헤이룽장

우수리강

몽골

지린

즈리

청징

베이징

텐진

산시
(山西)

조선

일본

황 허 강

허난

후베이

안후이

장쑤

난징

상하이

우창

항저우

닝보

창사

저장

장시

류큐

푸젠

푸저우

샤먼

광둥

우

타이완

마카오

1장

번영 속의 위기

뉴욕 차이나타운의 임칙서 동상 '아편과 싸운 선구자'라는 글이 새겨져 있다. 미국인들이 중국인에 대해 지니고 있는 아편 중독자라는 이미지에서 벗어나려는 의도가 담겨 있다고 생각된다. 임칙서는 다양한 측면에서 조명되고 있지만, 대개 그의 일면만을 강조하고 있는 실정이다(2004년 지은이 촬영).

1. 청조의 융성

16세기 유라시아 동쪽 지역에서는 커다란 지각변동이 일어나고 있었다. 사람과 물자의 이동이 국경을 뛰어넘어 활발해졌고, 여기에 포르투갈인을 비롯한 서양인도 뛰어들었다. 일본에서는 도요토미 히데요시(豊臣秀吉)가 전국을 통일한 뒤 중국 대륙을 정복한다는 명목으로 조선을 침략했다. 명조는 조선에 원병을 파견했다. 조선과 명은 간신히 히데요시의 침략을 물리쳤지만, 그 틈을 타고 청조가 강력한 신흥 세력으로 등장하게 된다.

청은 본디 오늘날의 랴오닝 성과 지린 성에 걸쳐 거주하던 여진족이 세운 나라이다. 명조는 농업과 수렵을 겸하고 있던 여진족을 교묘하게 통제하고 있었다. 특히 그 지역은 특산품인 담비 모피와 약용 인삼 무역으로 상업이 번창하고 있었다.

17세기에 등장한 누르하치는 뛰어난 지도력을 발휘해 여진족을 통일하기에 이른다. 누르하치는 1616년 칸(汗)에 즉위한 데 이어 명조에 대항했다. 그의 아들 홍타이지는 스스로를 여진에서 만주로 개칭했다. 1636년에 국호를 대청(大淸)으로 바꾸고 황제에 즉위한 홍타이지는 조선을 침략해 굴복시켰다(병자호란). 청의 발흥에 맞서 명조는 필사적으로 방어에 나섰지만, 산시 성(陝西省)에서 발생한 농민반란이 확대되어 마침내 1644년 이자성(李自成)이 이끄는 농민군에 의해 멸망하고 말았다. 이 사태를 간파한 청조는 만리장성의 동쪽 끝에 있는 산하이관(山海關)을 넘어 베이징으로 진격해 이자성 정권을 무너뜨리고 중국 대륙 전체를 정복하게 된다.

그때까지 명조를 받들던 사람 가운데에는 청조에 저항하는 이들도 있었다. 청조가 여진족의 전통인 변발을 강요한 것도 한족의 자존심을 자극했다. 명조의 황족을 받들어 청조에 저항하는 세력도 등장했지만 청조는 이 모든 세력들을 하나하나 진압해 나갔다.

명조를 받들던 세력 가운데 마지막까지 저항한 이는 타이완을 거점으로 활약한 정성공(鄭成功, 1624~1662)이었다. 정씨 정권은 지형적 이점을 살려서 국제무역을 통해 재정을 확보했기 때문에, 청조는 연해 부근에 거주하는 사람들을 강제로 멀리 이주시켜 정씨를 고립시켰다. 결국 정씨 정권은 강희제(康熙帝, 재위 1661~1722) 시기에 투항함으로써 타이완도 청조의 통치를 받게 되었다.

청조와 유라시아 강희제 시기 청조는 안정과 번영을 누리게 되지만, 여전히 강력한 상대가 남아 있었다. 몽골 계통의 중가르 세력이 청나라의 서북 방면으로 펼쳐지는 광대한 내륙지역을 장악해 막강한 세력을 형성하면서 티베트까지 세력을 확장해 갔던 것이다.

강희제를 이은 옹정제(雍正帝, 재위 1722~1735)도 중가르 문제로 몹시 애를 먹었다. 그는 중가르가 티베트 지역을 넘보지 못하게 하는 데 주력했다. 그 뒤를 이어 즉위한 건륭제(乾隆帝, 재위 1735~1796) 시기에 이르러 마침내 청조는 중가르를 공격하여 멸망시켰다. 당시 중가르는 톈산산맥 이북의 초원지대를 거점으로 삼고 있었는데, 청조는 이 중앙아시아 지역에도 군대를 파견했다.

이리하여 청조는 톈산산맥 남북을 포함한 광대한 영역을 지배하게 되었다. 신장(新疆)을 총괄적으로 지배하기 위해 일리 장군(伊犁將軍)을 배치하고 만주인의 일파인 시보족(錫伯族) 등의 군대를 주둔시켰다. 타림분지의 오아시스에는 주로 투르크계 언어를 사용하는 사람들(대체로 오늘날 위구르인의 선조)이 거주하고 있었는데, 이 지역에 대해서는 현지의 수장을 베크(伯克)와 자사크(札薩克) 같은 직위에 임명하여 다스리게 했다.

중가르와 함께 청조가 무시할 수 없는 또 다른 상대는 러시아였다. 강희제 시기 헤이룽 강(黑龍江, 아무르 강) 방면에서 군사적인 충돌이 여러 차례 발생하자 양국은 1689년에 네르친스크조약을 체결해 외싱안링(外興安嶺)을 국경으로 정하고 무역을 시작했다. 이어서 옹정제는 러시아와 캬흐타조약(1727)을 체결하여 서쪽 국경을 정하고 캬흐타에서 무역을 승인했다.

그러나 18세기까지 신장 방면의 청조와 러시아 국경은 명확하지 않아 유목민인 카자흐스탄의 일부 수장들은 청조와 러시아 양쪽 모두에 복속하고 있었다. 카자흐스탄과 함께 서투르키스탄에 있는 코칸트한국(汗國)의 상인도 청조와 러시아의 중계 교역에 종사하여 이득을 얻고 있었다.

통치 구조 청조는 만주족 황제가 통치하는 국가였다. 통치 방식은 상당히 독자적인 특색을 지니고 있었다. 통치의 기본을 구성하는 것은 팔기(八旗)라는 집단으로 편성된 군사력이었다. 팔기는 만주 팔기, 몽골 팔기, 한인 팔기로 구분되어 여기에 소속된 기인(旗人)의 지위는 세습되었다. 이들은 군사적 임무만 담당한 것이 아니라 정부 고관으로 등용되는 인재 공급원 역할까지 했다. 팔기 외에 정부 고관이 될 수 있는 길은 과거 시험을 통해 진사 자격을 획득하는 것이었다. 과거는 유학 경전에 의거하여 문장을 짓는 시험으로서, 다소 예외는 있지만 모든 남성에게 문호가 개방되어 있었다.

청조의 인재 등용에서 뛰어난 점은 과거 성적이나 기인 집안 출신이라는 이유만으로 반드시 높은 지위가 보장된 것이 아니라, 이들 인재 집단에서 능력이 출중한 자를 황제가 적절하게 등용했다는 점이다. 학업 성적은 우수하지만 행정 능력이 부족한 자는 명예직을 부여해서 때때로 지방의 과거 시험관으로 파견하거나 실무 관료의 부정을 적발하는 감찰 업무를 맡기기도 했다. 기인 가운데 능력이 뛰어난 사람도 적극적으로 등용했다. 이처럼 청조 인재 등용의 특징은 세습되는 기인 엘리트와 개인의 지적 능력으로 선발된 과거 엘리트를 적절하게 등용하는 방식에 있었다.

베이징의 중앙관청에는 명조와 마찬가지로 6부(이부·호부·예부·병부·형부·공부) 외에도 감찰을 담당하는 도찰원(都察院), 몽골과 티베트, 신장 등지에 관한 사무와 러시아와의 교섭을 관할하는 이번원(理藩院), 궁중에서 봉사하는 내무부(內務府) 등이 설치되었다. 그러나 명조의 정책 결정에서 중요한 위치에 있던 내각은 비교적 형식적인 기구로 전락했고, 그 대신 옹정제 시대에 창설된 군기처(軍機處)가 정치의 중추적 기능을

		①누르하치(1616~1626)
		②홍타이지(1626~1643)
		③순치제(1643~1661)
		④강희제(1661~1722)
		⑤옹정제(1722~1735)
		⑥건륭제(1735~1796)
		⑦가경제(1796~1820)
		⑧도광제(1821~1850)
순친왕 혁현(奕譞)	공친왕 혁흔(奕訢)	⑨함풍제(1850~1861)
순친왕 재풍(載灃)	⑪광서제(1875~1908)	⑩동치제(1861~1875)
⑫선통제(1908~1912)		

청조 황제의 계보 •괄호안의 숫자는 재위 기간

담당하게 되었다.

광활한 영역을 통치하게 된 청조는 이전에 명조가 지배하던 지역의 지방관에는 과거 출신 엘리트를 파견하고, 내륙 아시아를 포함한 그 밖의 전 지역에는 기인 엘리트를 파견했다. 지방 통치의 말단 현에는 아문(衙門, 지방관청)이 있었다. 19세기 전국에 걸쳐 1,600개 정도 되는 현(현에 상당하는 행정관청을 포함)은, 평균 20만~30만 명 정도의 인구를 관할하고 있었다. 현 아문에는 중앙에서 파견된 관료 혼자 있는 경우도 있었고, 많아야 부관이 몇 명 있을 뿐이었다. 아문의 실무는 그 지역에 뿌리를 내리고 있는 서리(胥吏)나 아역(衙役) 같은 말단 관리가 담당했는데,

서리와 아역은 지역의 유력자와 결탁하는 경우도 있어 신임 관료가 이들을 부리는 일이 쉬운 건 아니었다. 이는 청조의 관료 조직이 지방 사회를 통치할 정도로 충분한 역량을 지니지는 못했다는 것을 의미한다.

청대의 학문 청대 교학(敎學)은 유교를 기본으로 하고 있었고, 과거 시험 과목의 주요 내용은 유교 경전에서 출제되었다. 건륭제가 천하의 서책을 집대성하라는 명을 내린 결과 완성된 것이《사고전서》(四庫全書)인데, 이는 대량의 서적을 모아서 7종으로 정서(淨書)한 것이다. 그 과정에서 편찬관은 서적의 목록과 해제를 만들었다. 실제로 모든 서적이 여기에 포함된 것은 아니고 목록에 서적의 이름만 수록된 것도 많다. 이 작업을 통해 국가가 서적을 평가했을 것이다.

청대 유학의 특징으로 '한학'(漢學)의 전개를 들 수 있다. 한학은 한대(漢代)의 학문을 이상으로 하는 연구 태도로서 고증학(考證學)이라고도 한다. 물론 경서를 올바르게 이해하려는 노력은 유학의 전 역사를 통해서 볼 수 있으며, 주자학도 문헌 고증을 하고 있다. 다만, 청대 '한학'은 주자(朱子)가 붙인 주석을 그대로 받아들이지 않고 한대 정현(鄭玄) 등이 붙인 고주(古註)를 올바른 것으로 여겼다.

명대에 유행한 양명학(陽明學)은 "자신의 마음속에 이치가 있다"고 주장하여 서적을 통한 연구를 중시하지 않았다. 이에 반해 청대 고증학은 경서를 본래 의미대로 정확히 해석하는 것을 이상으로 삼았기 때문에 고대에 사용한 언어를 탐구할 필요가 생겨났다. 또한 고대의 제도를 이상적인 것으로 여겼기 때문에 문헌을 통해서 그것을 정확히 파악하고자 했다. 이런 탓에 경서 가운데 위작이 섞여 있는지 여부를 가려내는 것이 중요한 과제로 부각되었다. 가령 염약거(閻若璩, 1636~1704)는 《서경》의 일부분이 위작이라는 것을 증명하기도 했다.

고증학은 과거 시험과는 다른 차원에서 학자들의 진리 탐구로서 진행되었다. 그 배경에는 명말 이래 출판업의 발달과 고증에 필요한 만큼 서적을 모은 장서가의 등장, 그리고 직접적으로 정치적인 의미를 지닌 학술을 피하는 경향 같은 사회적 조건이 있었다. 그러나 무엇보다 경서에서 진리를 찾아내려는 열정이 고증학의 발전을 추진하는 원동력이었다고 할 수 있다. 게다가 고증학은 학자들 사이에 새로운 발견을 경쟁하는 측면도 있었다.

20세기에 접어들어 계몽 지식인으로 유명한 량치차오(梁啓超, 1873~1929)는 청대 고증학을 서양의 르네상스에 빗대었다(《淸代學術槪論》). 이 비유가 타당한지는 차치하더라도 고증학을 매우 높게 평가하고 있음을 알 수 있다.

대외 관계 청조는 외국과 다양하게 관계를 맺을 필요가 있었다. 조선과 류큐는 정기적으로 조공 사절을 파견했다. 조공이란 외국 사절이 공물을 지참해서 황제의 덕을 칭송하고 공경하는 의례적인 교섭을 말한다. 또한 조선 국왕이나 류큐 국왕이 즉위할 때는 한양과 슈리(首里)에 사절을 파견하여 국왕에 임명하는 책봉 의식을 거행했다. 이는 명대의 방식을 그대로 답습한 것이다. 다만, 이들 번속국과의 관계는 역사적 흐름에 따라 늘 일정하지는 않았다. 조선의 경우 청조가 베이징에 입성하기 전에 복속한 사정을 감안해서 19세기 전반까지 조선에 파견하는 사절은 고위급 기인(旗人) 가운데에서 선발했다. 이에 반해 류큐에는 기인으로 한정하지 않고 과거를 거쳐 진사 자격을 얻은 문인 관료를 파견하는 일도 많았다.

외국 사절이 청조를 방문할 때는 그에 뒤따르는 무역도 함께 이루어졌다. 사절은 각각 정해진 지점을 통해 청나라 영역으로 들어가 지정된 경로를 거쳐 베이징에 이르렀는데, 특히 입국 지점은 교역 장소가 되기도 했다. 예를 들면 류큐는 푸저우, 시암(오늘날의 태국)은 광저우가 입국 지점으로 정해져 있었다.

하지만 이런 의례적 관계를 유지하는 것은 서로 번거로운 일이기도 했다. 따라서 정식 사절의 왕래나 조공 의례 등을 생략한 채 교역만 이루어지는 경우도 있었다. 일본의 도쿠가와 정권과 청조의 관계는 바로 그렇게 무역만 하는 관계로서, 일본 나가사키에는 청나라의 민간 상인이 들어와 차이나타운(唐人町)을 형성해 거주했다.

18세기 중엽 이후 유럽인은 마카오를 거점으로 하여 광저우 항구에서만 무역을 허가받았는데, 그 때문에 청조의 관헌과 접촉하는 일은 드물었다. 마카오 정청(政廳)이나 그에 인접한 샹산 현(香山縣)과는 행정 문서를 주고받았지만, 청조는 이를 어디까지나 지방정부 간의 관계로 보았을 뿐 국가 간의 외교 관계로 인식하지는 않았다.

청조는 옹정제 이래 기독교를 금지하고 있었지만, 가톨릭 선교사는 천문학을 비롯한 특수한 지식을 갖고 있었기 때문에 관리로 임용하였다. 특히 러시아와 청의 초기 교섭에서 선교사의 라틴어 능력은 무척 유용했다. 다만 원칙적으로 그런 선교사는 귀국할 수 없었고 포교 활동도 허용되지 않았다.

18세기 일본은 태평한 세월에 취해 있었다. 이는 자국에 대한 막연한 만족감에 따른 것이었다. 마쓰자카에서 일본 고전 연구에 몰두하던 모토오리 노리나가(本居宣長, 1730~1801)는 "시키시마(敷島, 일본의 옛 국호 가운데 하나—옮긴이)의 야마토(大和) 심성을 사람에 비유한다면 아침 해에 아름답게 빛나는 벚꽃과 같다"라고 노래했다. '야마토 심성'을 벚꽃으로 상징화하고 있는 이 시가는 일본의 아름다움에 스스로 도취된 정신을 잘 표현하고 있다. 모토오리는 《다마가쓰마》(玉勝間)에서 명말청초의 학자 고염무(顧炎武, 1613~1682)의 고대 중국어 연구를 높이 평가한 반면에 중국에 감화된 '중국 심성(唐心)'의 인위성과 기만성을 비웃기도 했다. 그런가 하면 '형설지공'으로 면학에 힘쓴다는 중국 고사에 대해서 "옆집에서 흘러나오는 불빛을 사용하는 편이 오히려 좋지 않았을까?" 하고 의문을 표한다. 중국 고대 성군의 연령을 계산해 "80세가 넘어서도 아이를 낳으니 이 얼마나 정력이 센 것인가?" 하고 비아냥거리기도 했다.

난학(蘭學)의 융성도 중국 문화에 대항한다는 의미가 내포되어 있었다. 네덜란드 의학이 한방 의학의 한계를 지적하면서 퍼져 나갔을 뿐 아니라, 네덜란드어 문헌에 의한 근대과학이나 지리에 관한 지식은 한학자의 지식을 상대화시켜 나갔다.

물론 나가사키를 통해서 중국 대륙의 서적이 수입되고 있었으며, 일본 각지에서 한문을 열심히 공부했다. 그러나 한문을 공부하는 이들 대부분은 동시대 중국에 관하여 심도 있게 이해하려고 하지 않았다. 그럴 필요가 없었기 때문이다.

이렇듯 에도시대 일본은 중국 문화의 지위를 상대화시키면서 자기의식을 형성하고 있었지만, 조선은 이와 대조적이었다. 조선은 청조가 베이징을 점령하기 전부터 이미 청조에 군사적으로 복속당한 바 있다. 그러나 조선은 청조를 세운 여진인을 야만인으로 인식하고 있었기 때문에 청조에 복속하는 것을 두고 조선 사대부의 심정은 매우 복잡했다. 조선에서 주자학이 특히 중시된 이유는 다양하지만, '올바른 가르침'이 가장 존경받고 있다는 자부심에서 비롯되었을 것이다. 조선은 청조에서 고증학이 활발해지는 추세에 대해서도 대체로 냉랭한 태도를 보였다. 조선의 사대부는 유교의 정교(政敎)를 받든다고 하는 자부심이 매우 강했던 것이다.

동남아시아 쪽 국가들도 청조에 조공을 받치면서 자기 입장을 지키려고 했다. 버마(미얀마)와 시암, 베트남에서는 내부적으로는 자국이 청조와 대등하다는 입장을 표명했다. 가령 버마의 《꼰바웅조 연대기》에는 자신의 왕조가 '서쪽 왕'이고 청조는 '동쪽 왕'이라고 명기하고 있다. 물론 청조가 받을 국서에는 그렇게 기록할 수 없었기 때문에 한문 문서에는 적당히 공손한 자세를 취하는 표현이 사용되었는데, 그 정도만 해두면 특별히 문제되지 않았던 것이다.

2. 번영과 분쟁

매카트니 사절단 영국왕 조지 3세는 60년에 이르는 치세(재위 1760~ 1820) 동안 왕권 강화를 위해 의욕적으로 정책을 추진 했지만, 오히려 역효과를 낳기도 했다. 영국은 프랑스 등과 치른 7년 전 쟁 후 캐나다를 식민지로 삼고 인도에서 우위를 확립했다. 그러나 한편 으로 군비를 늘리기 위해 세금 징수를 강화하자 식민지 미국의 불만이 고조되었다. 1773년 매사추세츠의 보스턴 항에서 동인도회사가 운반해 온 중국차를 시민들이 바닷속으로 던져 버리는 사건이 발생했다. 이를 계기로 미국은 영국의 식민지에서 독립하게 된다.

이 무렵 영국에서는 차를 마시는 풍습이 유행했다. 중국에는 다양한 종류의 차가 있었는데, 영국인은 발효되어 독특한 향을 지닌 홍차를 선 호했다. 홍차에 카리브 해 섬들에서 재배한 설탕을 넣어 중국제 도자기 에 마시는 독특한 차 문화는 상류층에서 유행하며 점차 확산되어 갔다. 이렇게 해서 18세기 말에는 영국을 비롯한 구미 대륙에서도 차 수요가 높아져, 차는 청조가 구미에 수출하는 최대 품목이 되었다. 1784년 영국 이 차 수입관세를 크게 인하하자 차 무역은 더욱더 번성하게 되었다.

그러나 영국은 이 무역이 대단히 불합리하다고 느꼈다. 청조와의 무역은 광저우에 한정되었으며, 게다가 광저우에서도 주장 강(珠江) 강변의 한 귀퉁이에 있는 팩트리(商館地區)에서만 임시 거주가 허락되었다. 따라서 포르투갈이 지배하는 마카오에서 상관(商館)이 있는 광저우로 가서 교역하고 다시 마카오로 돌아와야 하는 등 독자적 거점이 없었다.

　영국은 동인도회사에게 청조와의 무역을 독점하게 했다. 만일 인도에 거주하는 영국인이 인도에서 동남아시아를 거쳐 광둥(廣東)에 이르는 무역에 종사하고자 할 경우 동인도회사로부터 면허를 취득해야만 했다. 이와 같이 동인도회사로부터 한정된 지역의 무역권을 얻는 형태를 지방무역(country trade)이라고 했다.

　18세기 말 영국 수상 윌리엄 피트(William Pitt, 일명 소少피트, 1759~1806)는 프랑스혁명에 대응하느라 쫓기면서도 아시아 방면의 무역을 확대하기 위해 동인도회사에 대한 통제를 강화했다. 그 일환으로 영국 정부는 청조에 사절단 파견을 구상하고 조지 매카트니(George Macartney, 1737~1806)를 대사로 선정했다. 매카트니는 아일랜드 귀족 출신으로 러시아 공사, 서인도제도 지사, 인도의 마드라스 지사를 역임했다. 또한 에드먼드 버크(Edmund Burke, 1729~1797) 같은 문인·학자들과도 친교가 있어 대외 교섭과 교양 면에서 적임자로 지목되었다.

　1792년 매카트니는 건륭제에게 보내는 조지 3세의 서간을 지참하고 영국을 출발하여 이듬해 1793년 9월 러허(熱河, 황제의 피서 산장이 있다)에서 건륭제를 알현했다. 청조 정부와 교섭해야 할 사항은 ① 영국이 독자적으로 관할할 수 있는 무역 거점 확보, ② 무역 조건 개선, ③ 상주 사절 교환 등이었다.

**매카트니와
청조의 의례**
청조는 이 매카트니 사절단을 무척 번거로운 존재로 여겼다. 요구 내용 이전에 파견 자체가 문제를 야기했다. 그 무렵 유럽에서는 외교상 의례 절차와 의전이 형성되는 과정이어서 매카트니는 이 관습을 염두에 두고 행동했다. 물론 청조는 유럽의 일반적인 의전과 전혀 관계없는 상대였기 때문에 어느 정도 타협과 조정은 가능했지만 영국 왕의 위신을 떨어뜨리지 않으려고 노력했다.

청조는 황제를 배알할 경우 궁정 의례에 따라 격식을 지킬 것을 요구했다. 즉, 매카트니에게 건륭제를 향해 세 번 무릎을 꿇고 그때마다 세 번씩 이마를 땅바닥에 조아리는 삼궤구고두(三跪九叩頭)의 예를 요구한 것이다. 이는 당시 황제를 알현하는 사람이라면 지극히 당연한 의례였지만, 매카트니는 무릎을 꿇고 황제의 손에 입을 맞추는 유럽식 의례를 희망했다. 실제 어떠한 의례 절차가 행해졌는지에 대해서는 사료에 기록으로 남아 있지 않는데, 이는 아마 양측의 합의하에 의도적으로 애매하게 처리되었기 때문일 것이다.

영국 정부의 요구 사항은 전혀 받아들여지지 않았다. 건륭제는 조지 3세에게 내린 칙유에서 이렇게 말하고 있다. "금번 국왕의 상주(上奏)에 사절 한 명을 우리 천조(天朝)에 파견해 상주해서 무역을 관할할 수 있게 해달라는 청원이 있었지만, 이는 우리 천조(天朝)의 기본 제도에 없기 때문에 아무래도 인정할 수가 없다"(《乾隆朝上諭檔》 17冊, 517쪽). 칙유에 따르면 서양 각국에서 와서 등용되는 자도 있지만, 그들에게는 평생 귀국을 허락하지 않고 있으며 또한 외국 사절의 경우에는 베이징에서 행동이 모두 정해져 있어 제 마음대로 행동할 수 없었다. 이것은 청조가 오랫동안 제도로 삼아 온 것으로 무역에 대해서는 충분히 보호하고 있으므로 사절을 상주시킨다는 무리한 요구를 해서는 안 된다는 것이었

건륭제를 알현하는 영국 소년 건륭제한테서 작은 주머니 같은 물건을 하사받고 있는 소년은 토머스 스턴튼(Thomas Staunton, 1781~1859)으로 자기 아버지와 함께 매카트니 사절단에 참가했다. 한쪽 무릎을 꿇은 당당한 자세를 취하고 있지만, 실제 광경이 어떠했는지는 알 수 없다. 사절단의 일원인 윌리엄 알렉산더의 그림(Alain Peyrefitte, *L'empire immobile, ou, le choc des mondes*).

다. 이에 영국은 1816년 다시 애머스트(William Pitt Amherst, 대大피트, 1773~1857)를 사절로 파견했지만, 역시 '삼궤구고두'의 예를 거부했기에 황제를 알현하지도 못한 채 돌아갔다.

매카트니가 직면한 의례 문제를 뒤집어 보면 일본의 도쿠가와 정권이 왜 청조에 사절을 파견하지 않고 나가사키 무역에만 만족하고 있었는지, 그리고 청조도 구태여 사절 파견을 요구하지 않았는지를 알 수 있다. 공식적으로 사절을 교환하기 위해서는 서로 납득할 수 있는 의전을 합의할 필요가 있기 때문에 그 자체가 분쟁의 원인이 될 수도 있었던 것이다. 도쿠가와 정권과 청조 당국은 모두 그런 분쟁이 무의미하다는 것을 인식하고 있었을 것이다.

러시아와 중앙아시아 18세기에 러시아는 시베리아 동쪽으로 진출하고 베링 해를 넘어 알래스카까지 정복했다. 그 사이에도 캬흐타에서 청조와의 무역은 확대되었다. 청조가 러시아에서 수입한 주요 상품인 모피는 시베리아 특산품으로 베이징과 강남 부자들이 선호했다. 러시아가 청조로부터 수입한 것 가운데 초기에는 면포가 많았다. 러시아어로 중국을 의미하는 기타이에서 파생된 '기타이카'가 두툼한 면포를 가리키는 말이 된 것은 여기에서 유래하는 것이다. 그 후 러시아에서는 차 수입이 급증했는데, 이는 차 문화의 정착과 깊은 관계가 있다. 독특한 금속 용기 사모바르(주전자)에 물을 끓여 잼과 함께 홍차를 마시는 습관이 널리 유행했던 것이다.

러시아는 중앙아시아로 서서히 세력을 확대해 갔다. 그러나 청조는 저자세를 보인 카자흐와 코칸트 상인에게만 무역을 허가했기 때문에, 러시아는 신장(新疆)에서 이들 무슬림 상인을 통해서만 교역을 할 수가 있었다.

그런데 중앙아시아에서는 이슬람 수피즘(Sufism, 신비주의)의 나크쉬반디(Naqshbandi) 교단이 큰 영향력을 끼치고 있었다. 그중에서도 권위를 지니고 있던 카스·호자 가(家)의 일부는 청조가 신장을 정복했을 때 이웃 나라 코칸트로 달아났다. 그 후손 자한기르가 1826년 카스(카슈가르)를 침공하자 청조는 이를 토벌했다. 이 과정에서 신장의 코칸트계 상인도 큰 피해를 입었다. 그 후 1830~1840년대에 코칸트한국이 카자흐와 키르기스 방면으로 진출함에 따라 청조도 군대를 철수시켰다.

이슬람은 교리가 통일되지 않은 채 다양한 교파로 나뉘어 있었다. 그중 수피 교단은 수행 방법이 간단해서 회족(回民) 사이에서도 신봉자가 많았다. 회족은 주로 중국어를 사용하는 무슬림으로 산시 성(陝西省)과

간쑤 성(甘肅省)에 널리 분포해 있었다. 그리고 싸라족(撒拉族)과 둥샹족(東鄉族) 등 이슬람교를 믿는 민족 집단도 있었다. 여기에 중앙아시아 방면에서 새로운 가르침이 전파되면서 회족 사회가 변동하게 되었다. 새로운 신앙의 지도자인 마명심(馬明心, ? ~1781)은 기적을 일으켜 회족의 마음을 사로잡았는데, 급속히 확대된 교단은 청조의 탄압을 불러일으켰다. 1871년 이후 마명심의 신도들은 간쑤 성에서 봉기했지만 곧 진압되었다. 그 뒤 건륭제는 그 교파인 자흐리 교단을 엄격하게 금지했다.

타이완의 천지회　　소설 《삼국지연의》의 첫머리에는 유비, 관우, 장비 세 사람이 의기투합해 의형제를 맺는 장면이 나온다. 《삼국지연의》는 명대에 완성된 이야기이지만, 이처럼 임협적이라고 할 수 있는 인간관계를 맺는 방식은 고대부터 있어 온 것으로 보인다. 청대에 다양한 명칭으로 불리던 결사도 의형제라는 강한 유대 속에서 상호부조를 꾀한다는 서약을 체결했다.

천지회(天地會)도 그러한 상호부조 결사 가운데 하나이다. 천지회의 기원을 둘러싸고 불명확한 점이 많지만, 건륭제 치세에 해당하는 18세기 후반 푸젠 성(福建省)에서 세력을 넓혀 나간 것은 확실하다. 1780년대에는 타이완에서 임상문(林爽文, 1756~1788)이 이끄는 천지회 반란이 일어나기도 했다.

18세기 타이완은 푸젠 성과 광둥 성으로부터 이민이 활발해져 개발이 왕성하게 진행되었다. 주로 푸젠 성의 장저우(漳州)와 첸저우(泉州)에서 온 사람들과 광둥 성에서 온 객가(客家)들이 저마다 마을을 이루어 생활했다. 이들은 출신지에 따라 격렬하게 경쟁하거나 대립했다. 이런 대립은 사소한 일을 계기로 이따금 폭력을 동반한 항쟁을 유발하기도 했다.

임상문은 장저우 지역 출신으로 아버지와 함께 일족을 거느리고 타이완에 이주해 왔다. 강직하고 의협심이 넘치는 인품의 소유자로 알려져 있던 임상문은, 같은 지역 출신이고 절친한 엄연(嚴煙)이라는 사람이 천지회에 가담해 있다는 사실을 알고 자신도 입회하고 싶다고 말했다. 그러자 엄연은 이렇게 말했다.

이 회에 들어가고 싶으면 향불을 태울 제단를 설치하고 [회원이 높이 쳐든] 도검 아래에서 맹세를 해야만 한다. [어떤 회원에게] 만일 무슨 일이 일어나면 회원이라면 모두 힘을 다해 도와줘야 한다. 그리고 사람이 너무 많아 모든 회원이 서로 다 알지 못하기 때문에 사람을 만나면 세 손가락을 펼쳐 신호를 보낸다. 또 '홍'(洪)자 암호가 있어 '5개의 점(点)과 이십일(二十一)'이라고 하면 회원임을 알 수 있다(《天地會》1冊, 111쪽).

마지막 부분의 암호는 천지회 회원이 '홍'이라는 성을 공유하는 일가라는 관념에서 나온 것이다. '홍'(洪)이란 한자를 분해하면 '삼수'(氵)와 '여덟'(八) 부분에서 5개의 점(5획)이 되고 나머지 부분을 더욱 세분하면 '이십'(廿, 20)과 '일'(一)이 된다. 일단 입회하면 위험한 상황에 처할 경우 다른 회원의 도움을 받을 수 있었는데, 이는 격렬한 경쟁 사회에서 살아남기 위한 효과적인 방편이 되었다.

그런데 당국의 처지에서 보면 이들 결사는 결코 탐탁지 않았다. 결사란 으레 관에 대한 저항을 바탕에 깔고 있기 때문이다. 1786년 임상문도 지방관에게 쫓기는 몸이 되자 마침내 군사를 일으키게 된다. 이리하여 천지회는 임상문을 맹주로 반란을 일으켜 관에 저항했다.

　이 반란은 천지회의 연대로 급속하게 확산되어 한때 거대한 세력을 형성하기도 했지만 얼마 후 진압되었다. 대륙에서 원군이 파견된 데다가 무장한 첸저우나 객가 출신도 관에 가담해 천지회와 싸웠다. 천지회의 연결고리는 장저우 쪽 출신자들이 주류를 이루고 있었기 때문에, 장저우 사람들과 대립하던 첸저우와 객가 사람들은 오히려 관군을 도와 천지회를 진압하는 데 가담했다.

　이렇게 해서 임상문과 천지회는 진압되었지만, 그 잔당은 곳곳으로 흩어져 달아나 유사한 결사가 확산되었다.

3. 통치 재건의 시대

급증하는 인구　18세기 들어 청조는 인구가 급속히 증가했다. 오늘날 남아 있는 인구통계 자료는 정확하지 않아 연구자에 따라 어느 정도 의견 차가 있지만, 대체로 17세기 1억 명 정도에서 건륭제 말기인 18세기 말엽에는 3억 명, 그리고 19세기에는 대략 4억 명을 넘어섰다고 한다.

일본의 인구가 17세기에 급증한 뒤로 18세기에는 정체 현상을 보인 사실을 감안하면 청대에 인구가 폭발적으로 증가한 현상은 무척 놀랄 만한 일이다. 18세기 청조의 인구가 급증한 배경에는 식량과 옷감을 비롯한 전반적인 생산량의 증대가 있었다고 할 수 있다.

인구 증가 요인으로는 우선 활발한 이주와 토지 개발을 들 수 있다. 양쯔 강 중류에서 상류 쪽 쓰촨으로, 그보다 더 오지인 윈난으로, 산둥에서 바다를 건너 랴오닝으로, 푸젠에서 타이완으로 인구가 이동하며 퍼져 나갔다. 동남아시아 이민도 이러한 인구 이동의 흐름 속에 있었다. 원거리 이주뿐 아니라 현 내에서도 개발의 여지가 있는 지역으로 이주가 이어졌다.

인구밀도가 높아져 경작 면적이 줄어든 지역에서는 노동력과 비료를 많이 투입하는 상업적 농업이 펼쳐졌다. 강남의 일부 지역에서는 북방에서 비료로 콩깻묵을 들여와 면화를 재배하고 면사와 면포를 만드는 가내수공업이 확산되었다.

그러나 이러한 인구 급증은 사회적으로 커다란 부담이었다. 이주민에 의해 개발이 진행되었다고는 하지만 기름진 토지는 조금씩 줄어들어 갔다. 계획 없이 급속하게 추진된 산지 개발은 삼림 파괴와 토양 유출을 불러왔다. 또한 변경 지역에 한인이 이주하면서 토착 민족 집단의 생존을 위협하는 경우도 있었다.

홍량길의 경고　　18세기 말 관료 홍량길(洪亮吉, 1746~1809)은 인구 급증에 위기감을 느꼈다. 태평성세가 이어져 인구가 불어남에 따라 물자가 부족하게 되고 사람들이 서서히 곤궁해지는 것은 아닐까 우려하고 있었다.

몇 세대 전에는 개간할 토지가 있고 집에는 방도 여유가 있었다[그러므로 식구가 늘어도 어떻게든 된다]고 할지 모르겠다. 다만, 그렇더라도 늘릴 수 있는 것은 두 배 정도에서 많아야 네다섯 배 정도일 것이다. 하지만 세대와 인구는 열 배, 스무 배로 늘어난다. 따라서 농지와 주택은 늘 부족하고 세대와 인구는 언제나 넘쳐난다. 더구나 부자는 혼자서 백 명분의 넓은 저택에 거주하며 한 세대가 백 세대분의 농지를 소유하고 있기 때문에, 쉽게 예상하듯이 흉년이 들면 추위와 굶주림으로 비참하게 죽는 사람이 드물지 않다(〈意言〉治平篇,《洪亮吉集》

1冊, 15쪽).

또 다른 글에서는 농업에 종사하는 자가 줄어드는 실상에 대해 경종을 울리고 있다(〈意言〉生計篇). 홍량길은 건륭 말기인 1793년 무렵에 이 글을 서술했다.

'중국의 맬서스'로 불리는 홍량길이 인구론을 제기한 것은 맬서스의 《인구론》(초판, 1798)보다 다소 이른 시기였다. 홍량길이 인구 문제에 관해 상세히 연구한 것은 아니고 위의 글도 단문에 지나지 않기 때문에, 맬서스에 견주면 그 논의는 매우 소박하다. 하지만 생활에 필요한 자원과 인구의 관계, 특히 급속한 인구 증가에 착목한 논점은 맬서스의 인구론과 통하는 바가 많다. 맬서스는 제한된 정보에 바탕을 두었다고는 하나 중국의 인구에 대해서도 상당한 관심을 보였으며, 애덤 스미스의 중국론에 대해서도 논평을 한 바 있다. 맬서스는 《인구론》에서 중국을 인구과잉 탓에 정체된 사회로 묘사하고 있다. 그는 인구 급증이 청조의 태평성세에서 일어나 18세기 말에 심각해진다는 점에 대해서는 잘 알지 못했다.

백련교도의 난 어느 정도 개발이 진행되어 이주민 사회가 안정되어 가면 낙오자들의 불만에 의해 사회 모순이 명확히 들어나는 경우가 있다. 앞에서 서술한 타이완 임상문의 반란에서도 그런 배경을 찾아볼 수 있다. 18세기 말에는 청조 지배 체제를 위협하는 대규모 사건이 발생했다. 바로 백련교도의 난이다.

명에서 청으로 왕조가 교체되는 17세기 말 쓰촨 성의 인구는 전란으로 급격히 줄어들었다. 그래서 18세기 들어 후베이 성을 비롯한 양쯔 강 중류 지역으로부터 이주가 진행되었다. 그런데 이주민 가운데에서도 성공하는 자가 있으면 실패하는 자도 있기 마련이었다. 성공한 일족이 좋은 농지나 상업 이권을 장악함에 따라 뒤늦게 이주해 온 자들에게는 사회적 상승의 가능성이 거의 없었다.

쓰촨·후베이·산시(陝西) 성의 경계를 이루는 산지에는 그러한 불만을 품은 이주민들이 대거 모여 살았다. 이들은 옥수수를 재배하고 돼지를 사육했으며 숯 굽는 일을 하거나 상업에도 종사하고 있었다.

이곳에 백련교 신앙이 전파되었다. 백련교는 곧 세상의 종말이 도래할 것이니 무생노모(無生老母)라는 절대적인 존재를 신봉하면 구원받을 것이라고 설파했다. 이 종교적 연대는 불안정한 생활을 이어 가던 이주민들의 마음을 강하게 사로잡았다. 그러나 청조는 백련교를 '사교'(邪敎)라 하여 금지하고 진압에 나섰다. 결국 막다른 골목에 몰린 백련교도들은 1796년에 봉기하기에 이른다.

백련교도의 난은 쓰촨·후베이·산시 경계 지역의 사회적 모순을 배경으로 대대적으로 번져 나갔다. 청조는 백련교도의 난을 진압하는 데 몹시 애를 먹었고, 지역 유력자의 도움을 받아 1804년에야 가까스로 평정할 수 있었다.

지역의 유력자들 중에는 이주민으로 성공한 자의 자손도 다수 포함되어 있었다. 그들은 일족으로 결집하면서 서로 협력해 단련(團練)이라는 자경단을 조직했다. 훗날 이들 지역의 유력자는 청조를 지지하면서 지역의 실권을 장악하게 된다.

가경제　　　1796년, 그때까지 60년 동안 군림해 온 건륭제는 제위를 아들에게 양위했다. 건륭제의 할아버지 강희제는 재위 기간이 61년에 이르던 해에 사망했는데(황제 재위로서는 역사상 가장 긴 기록이다), 건륭제가 존경하던 할아버지보다 더 오랫동안 황제 자리에 있을 수 없다며 양위한 것이다. 30대 후반의 나이로 즉위한 가경제(嘉慶帝, 재위 1796~1820)는 우선 백련교도의 반란을 진압해야만 했다. 1799년 건륭제가 사망해 가경제가 직접 통치를 시작하게 되면서, 오래 이어진 건륭제 치세로 해이해진 기강을 바로잡을 필요가 있었다. 건륭 말년에 조정에서 권세를 휘두르던 화신(和珅, 1755~1799)을 처형한 것은 이런 의지를 상징적으로 보여 주는 사건이었다.

그 무렵 조정에서 한림원 편수(翰林院 編修)라는 엘리트 관료의 지위에 있던 홍량길은 시정(時政)에 강한 불만을 느끼고 있었다. 그는 1798년 백련교도 난을 두고 대책을 논하는 의견서에서 지방관이나 군대의 무능과 부패를 지탄했다. 그리고 이듬해인 1799년 가경제의 친정이 시작되자, 그 치세를 건륭 초년과 비교하며 통렬하게 비판하는 글을 썼다. 가경제는 크게 노여워했지만 사형을 내리지는 않고 홍량길을 신장(新疆)의 일리(伊犁)로 귀양을 보냈다.

그런데 이듬해에 홍량길은 사면되었다. 홍량길을 처벌하고 나서 의견을 내놓는 자가 사라지자 가경제는 실태를 알 수 없게 되었다. 그래서 "홍량길이 논한 것은 짐의 마음을 계발하는 힘이 있어 그의 글을 곁에 놓고 항상 새기려고 한다"고까지 말했다(《嘉慶道光兩朝上諭檔》5冊, 196쪽). 그리고 홍량길의 문장과 이것을 허락하는 자신의 상유(上諭, 황제의 말)를 신하들에게 널리 알리도록 명했다. 그 무렵 베이징 조정은 파종기인 봄에 비가 계속 내리지 않자 기우제를 지내게 되었다. 그런데 가경

가경제 아버지 건륭제를 계승해 즉위했다. 건륭 말년의 해이해진 정치적 기강을 바로잡는 데 주력했다(《淸史圖典》8).

제가 그해 지은 시에 덧붙인 설명에 따르면, 황제가 홍량길을 사면하는 상유를 내리자 "그날 밤 자시에 은혜로운 비가 내리기 시작해 대낮까지 계속되었다. …… 하늘이 우리의 진심을 굽어보시어 진실로 신속하게 응답하셨다. 삼가 황송할 따름이다"라고 했다(仁宗,《御製詩》初集 27卷, 25쪽).

관대한 태도로 간언(諫言)에 귀를 기울여 기강을 바로잡고, 조정의 분위기를 일신하겠다는 정치가로서 가경제의 자세를 엿볼 수 있다. 홍량길의 처분을 둘러싼 경위는 가경제의 의도를 아주 극적인 형태로 드러내는 효과가 있었다고 생각된다.

가경제의 시집을 보면, 문학적 가치는 차치하더라도 시의 소재나 주제에 스스로 덧붙인 설명을 통해 성실하게 정무에 임하려는 자세가 나타난다. 특히 즉위하고 나서 시급히 해결해야 할 백련교도의 난은 늘 근심거리였다. 가경제는 홍량길 사건에 앞선 친정 초기에 백련교도의 난에 대해 이렇게 말했다.

백련교도의 무리가 수많은 사람을 선동해 반란을 일으켰을 때, 누구 할 것 없이 "관의 압박을 받아 민이 어쩔 수 없이 봉기했다"고 해명을 했다. 지난해 겨울, 도적의 두목 왕삼괴(王三槐)가 호송되어 와서 취조해 보니 역시 그렇게 말했다. 짐은 그 말을 듣고 특히 측은하여 가슴이 아팠다. 그래서 사형은 한동안 집행하지 않기로 했다(《嘉慶帝起居注》4冊, 60쪽).

이처럼 포악한 지방관이 반란의 원인이라면, 젊은 황제가 포악한 지방관을 처단함으로써 질서는 회복될 수도 있다. 하지만 가경제는 이러한 생각을 표방함으로써 참신하고 자애 넘치는 치세를 시작한다는 인상을 심어 주려고 했던 것이다.

경세사상 청대 고증학을 일컬어 이른바 '건가(乾嘉)의 학' 즉 건륭·가경 시대의 학문이라고 한다. 고증학을 대표하는 저작으로 단옥재(段玉裁, 1735~1815)의 《설문해자주》(說文解字注)가 유명하다. 이 저작은 후한 시대에 저술된 자전 《설문해자》를 연구하여 고대의 문자와 음운을 고찰한 것이다. 오늘날에도 중국어의 역사를 알고자 할 때 무엇보다 먼저 찾아보게 되는 서적이다. 단옥재의 스승인 대진(戴震, 1723~1777)도 한자 음운의 역사에서 수학, 천문학에 이르기까지 수많은 저작을 남긴 대학자이다. 대진은 주자의 가르침에 이의를 제기하며 인간의 욕망을 긍정하는 사상을 표명한 것으로도 잘 알려져 있다.

홍량길은 시인으로도 유명하지만, 경서 연구나 대진 같은 학자와 교류한 것으로도 잘 알려져 있다. 또한 역사지리 관련 저작도 있으며, 앞에서 언급한 인구 증가나 관료의 부패 등 정치와 사회문제에 대해서도 예리한 관심을 보이고 있었다.

단옥재의 외손자인 공자진(龔自珍, 1792~1841)은 단옥재처럼 차분한 학자의 삶에 만족하지 않았다. 공자진은 객관적인 고증보다도 주체적 실천으로 연결되는 공양학을 공부하고, 시세를 염려하고 개탄하는 시를 지었다. 자신의 음울한 마음을 나타내기 위해서인지 문장도 특이한 표현을 많이 써서 난해한 편이다.

공자진은 19세기 초 서북 지리 연구의 한 축을 담당한 인물이다. 이 분야에서도 홍량길이 선구자였다. 가경제에 의해 신장의 일리(伊犁)로 유배를 갔을 때, 홍량길은 현지 상황을 파악해 기록하고 있었다. 19세기 초에는 코칸트나 카자흐 그리고 배후에 있는 러시아의 움직임이 주시되면서 신장 등 서북 방면의 역사지리 연구가 진행되었다. 확실히 고증학적 연구 방법을 계승했다고는 하나 경우에 따라서는 구체적인 정책 제언으로 연결되기도 했다.

공자진은 1820년 무렵에 쓴 글에서 인구 증가, 이어지는 천재지변, 재정 파탄 등에서 느낀 위기의식을 다소 선동적인 어조로 표명하고, 신장에 대한 지리적 탐구과 함께 과잉인구를 신장으로 이주시키자고 제언했다. 이 제언은 곧바로 주목받지는 못했지만, 뒷날 근대 중국에서 변경 이주를 권장하는 식민주의적 언설의 선구로 볼 수 있다.

17세기 청대 고증학의 시조라고 할 수 있는 고염무(顧炎武, 1613~1682)는 음운이나 역사의 실증적 연구를 진행했을 뿐 아니라 강렬한 경세 의지를 품고 있었다. 18세기 학문은 대개 직접적인 정치적 표현을 삼가고 고증 그 자체에 몰두하는 태도를 보였다. 하지만 홍량길이나 공자진처럼 정치와 사회에 대해 날카롭게 문제를 제기하는 인물도 등장했다.

해적　청조는 육상에서 강력한 군사력을 발판으로 광대한 영역을 정복하고 지배하게 되었지만, 해상 군사력은 그다지 내세울 것이 없었다. 특히 타이완의 정씨 정권이 투항한 이후에는 해전에 대한 염려도 사라져 해군은 상대적으로 가볍게 여겨졌다. 이런 상황은 해적이 세력을 확대하는 계기가 되었다.

바닷가에 거주하는 사람들은 일반적으로 어업이나 교역을 통해 생계를 꾸려 나갔기 때문에 배 타는 일에 익숙했다. 그런데 생활이 어려워지

19세기 전반 청조 수군의 주력 함선
갑판에는 대포가 설치되어 있다(《兵
不可一日不備─淸代軍事文獻特展》).

면서 해적에 투신해 교역선이나 해안의 촌락을 약탈하는 자들이 생겨났
다. 그뿐 아니라 해적에 납치되어 해적이 되는 경우도 있었다. 보통 해적
집단은 배 한 척을 보유하고 있었지만, 때로는 유력한 지도자가 등장해
선단(船團)을 거느리는 경우도 있었다. 채견(蔡牽, 1761~1809)은 18세기
말 푸젠 성 부근에 출몰하던 해적 지도자로 유명한 인물이다. 가경 연간
에 그는 청조의 해군과 여러 차례 전투를 치르면서 타이완 부근을 습격
했다. 그러나 얼마 후 쫓겨 다니다가 사망했다.

 광둥의 상황은 안남(安南, 베트남)의 정치 상황과 밀접한 관련이 있었
다. 1771년 안남 중부에서는 떠이선(西山) 세력이 반란을 일으켜 전국
을 제압했다. 청조와도 항쟁한 떠이선 왕조는 해적을 지배하며 이용했
는데, 이것이 해적의 조직화를 부추겼다. 베트남 연해에서 통킹 만을 거
쳐 광둥 쪽으로 나오기 위해서는 하이난도(海南島)와 레이저우반도(雷州
半島) 사이에 있는 해협을 통과해야만 했다. 여기에서 광저우에 있는 주
장 강(珠江) 델타 지역까지 수많은 선박이 운송업에 종사하고 있었는데,
이들 선박이 해적의 표적이 되었다. 여성 해적으로 유명한 정일수(鄭一嫂,

1775~1844)와 남편 장보(張保, 1786~1822)는 광둥 무역에 종사하는 서양 선박까지 습격했다. 청조는 포르투갈과 영국을 이용해 해적을 소탕하는 동시에 투항을 권장하며 가까스로 해적 집단을 진정시켰다. 그러나 이 연안 지역 사람들은 얼마 지나지 않아 소규모 집단을 조직해 아편 밀무역에 뛰어들게 된다.

종말론과 봉기 화북 지역에서는 백련교 계보를 잇는 교파가 뿌리를 깊게 내리고 있었다. 건륭 연간인 1774년에 산둥 성 내륙의 대운하에 가까운 지역에서 왕륜(王倫)이 거느리는 청수교(清水教)의 반란이 일어났다. 청수교는 팔괘교(八卦教)의 일파인데, 팔괘란 점을 칠 때 사용하는 여덟 가지 요소로 교단 조직이 여덟 개의 지부로 나뉘어져 있던 것에서 기원한다.

팔괘교는 가경 연간에도 반란을 일으켰는데 이 그룹을 천리교도라고 한다. 지도자의 한 사람인 임청(林清)은 베이징 부근에서 태어났다. 아버지 뒤를 이어 서리(지방관청의 문서 담당 관리)가 되었지만, 해고된 후 유랑하면서 약초를 이용하여 병을 치료했다. 1811년 임청은 허난 성 화현(滑縣)을 방문했을 때, 그 지역에서 신도를 모집해 두각을 나타내고 있던 이문성(李文成)을 만났다. 여기에 권법이 뛰어난 풍극선(馮克善)도 가담했다. 그들은 신도를 동원해서 봉기 계획을 세우고는 이윽고 세계의 종말이 도래해 입신하는 자만이 구원을 받을 것이라고 선전했다.

천리교도는 봉기 날을 1813년 당시의 역(曆)으로 9월 15일로 정했다(이날이 제2의 중추절이었기 때문이라고 한다). 그런데 화현의 지사가 계획을 사전에 감지하고 이문성을 체포함에 따라, 신도들은 약속한 날을 기다리지 못하고 거사해 이문성을 구출했다. 이웃 현에서도 천리교도의 봉기가 이어졌다. 이 사실을 몰랐던 임청은 예정대로 베이징 근교에서 이문성의 원군을 기다리면서, 내통하는 환관의 안내를 받아 자금성에 교도를 침투시켰다. 가경제가 러허(熱河) 방면으로 행차했다가 베이징으로 돌아가려던 중이어서 궁정의 경비는 느슨했지만, 궁중에 침입한 사람들은 곧 진압되고 말았다. 임청도 체포되었다. 그리고 허난 성의 화현에서 농성하던 이문성도 관군에 포위되어 진압되었다.

이 반란은 궁중에까지 직접적인 영향을 끼쳤기 때문에 가경제와 조정에 심각한 충격을 주었다. 가경제는 자기반성의 뜻을 이렇게 표명했다.

짐은 조상의 덕을 계승해 백성을 사랑하는 내실 있는 정치를 하지는 못했지만, 백성을 학대하는 일은 하지 않았다. 그런데, 왜 이러한 사태가 발생했는지 도무지 까닭을 알 수가 없다. 모두 짐의 덕이 부족해서 과오가 쌓인 탓이므로 오로지 나 스스로를 질책할 뿐이다(《嘉慶帝起居注》17冊, 349쪽).

이어서 가경제는 신하들에게도 단단히 긴장해서 정무에 임하라고 명을 내렸다.

도광제의 즉위　1820년 여름 가경제가 러허의 피서 산장에 머물던 중 사망하자, 아들 도광제(道光帝, 재위 1820~1850)가 즉위했다. 도광제는 일찍이 임청을 비롯한 천리교도가 궁중에 난입했을 때 방어하는 데 활약한 황자이다. 그가 후계자라는 사실이 알려진 것은

도광제 정무에서 벗어나 대나무를 배경으로 역사서를 손에 들고 사색하는 모습을 담고 있다(《清史圖典》).

가경제가 사망한 이후의 일이다. 이런 사실은 청조의 독특한 황위 계승 제도에 따른 것이다.

　17세기 말부터 18세기 초까지 청조의 융성기를 이룩한 강희제는 자신의 황위를 물려주는 문제로 고심했다. 황태자를 세웠지만 품행이 바르지 못하고 황태자에 접근하려는 고관들의 움직임도 근심의 씨앗이 되었다. 결국 강희제는 황태자를 폐위시켰지만, 이번에는 황제의 자리를 노리는 다른 황자들 사이에 경쟁이 치열해졌다. 그래서 폐위시킨 황자를 다시 황태자로 세웠지만, 황태자가 음모를 꾸미는 기미를 포착해 다시 폐위시켰다.

그리하여 강희제가 임종 때 황위 계승자로 지명해 즉위한 이가 옹정제이다. 황위 계승을 둘러싼 분쟁이 정치 불안정을 불러온다는 것을 깨달은 옹정제는 황태자를 세우지 않았다. 그 대신 황제가 후계자로 지명한 황자의 이름을 은밀히 적어 작은 상자에 넣어 궁전 정면에 있는 현판 뒤에 보관해 두는 제도(황태자의 이름을 써서 건청궁乾淸宮의 정대광명액正大光明額 뒤에 숨겨 두고 내무부에 밀지를 간직하였다가, 황제가 죽은 후에 개봉해 밀지와 실물을 맞추는 방법으로 황태자를 은밀히 세웠다고 해서 태자밀건법太子密建法이라고 한다—옮긴이)를 고안했다. 황제는 황자들의 거동을 살펴 수시로 그 이름을 다시 적어 넣을 수 있었기 때문에 황자들은 훌륭한 통치자가 되려고 노력하지 않으면 안 되었다. 그러나 옹정제 다음의 건륭제는 한 차례 후계자를 지명했지만, 그 황자가 먼저 세상을 떠났고 게다가 생전에 다른 황자(가경제)에게 양위했기 때문에 독특한 제도를 충분히 활용하지 못했다.

가경제는 후계자를 기입한 문서를 넣은 상자를 러허(熱河)의 피서 산장까지 지참하고 갔기 때문에, 그가 사망하자 대신들은 그 상자를 열어서 후계자가 누구인지 알게 되었다.

도광제는 종래의 통치 기구가 여러 면에서 제도적인 문제를 일으키기 시작한 제국을 물려받게 되었다. 그중에서 특히 심각한 것은 재정 위기였다. 도광제는 궁중의 사치를 줄이고 검약에 힘썼다. 그러나 재정 문제는 말단 행정조직이 느슨해진 것과 밀접한 관련이 있었기 때문에, 절약뿐 아니라 지방행정을 구체적으로 개혁할 필요가 있었다.

도광제는 이 문제를 의식해서 행정을 재건하고자 노력했다. 예를 들면 장집성(張集聲)이라는 관료가 쓰촨의 경찰·사법을 담당하는 안찰사로 부임할 때에 상당히 세밀한 내용의 훈사(訓辭)를 내리고 있다. "쓰촨에서 중대한 범죄가 다발하고 있는데 사형 판결을 기피해서는 피해자가 수긍하지 못한다. 자신의 생각을 뚜렷이 하고 엄격하게 대처해야만 한다. 또한 쓰촨에는 티베트에 이르는 역전(驛傳)이 있지만, 규정된 숫자만큼 말이 준비되어 있지 않다. 조사해 봐도 그때만 눈속임하고 있음이 틀림없다. 문서 도착이 늦어지는 문제는 책임자 한두 사람만 탄핵하면 저절로 정신을 차릴 것이다." 이어서 다음과 같이 훈사를 했다고 한다.

부임하면 모든 일에 정신을 바짝 차려야 한다. 짐은 일일이 들어서 거론하지 않고 빗대어 말하겠다. 어떤 사람의 저택이 세월이 흘러 여기저기 부서지고 망가졌다면, 집주인은 수시로 보수해 문제를 해결할 것이다. 만일 망가진 대로 내버려 둔다면 대규모 공사가 필요하게 될 게 뻔하다. 이 말은 더 큰 경우에도 해당한다. 예방 대책을 잘 세워야 할 것이다(《道咸宦海見聞錄》, 89쪽).

이때 도광제 스스로 의식하고 있던 '더 큰 경우'는 청조라고 하는 국가의 안위였을 것이다.

강남 지역의 개혁　도광제의 신임을 얻어 지방행정의 개혁을 추진한 대표적인 관료로 도주(陶澍, 1778~1839)와 임칙서(林則徐, 1785~1850)를 들 수 있다. 두 사람은 안후이, 장쑤, 후베이 성 등지에서 대대적인 개혁을 추진했다.

우선 염(鹽) 전매제도의 개혁이다. 당시 장쑤 성 북부 해안에는 중요한 소금 산지가 있었다. 정부는 여기서 생산되는 소금을 전매해서 세금을 징수했는데, 밀매로 인한 문제가 발생하기 시작했다. 실제로 행정 경비나 자선사업을 위해 갖가지 부가세가 징수되어 염 판매 가격은 계속 올라갔다. 또한 운반과 판매를 도급받은 특권적 염 상인이 곤궁해지면서 세금을 납부하지 못하는 초유의 사태도 나타났다. 그래서 도주는 베이징 관료의 의견을 받아들여 개혁을 추진해 염 가격을 인하하고 밀매 단속을 엄격히 하고자 했다. 일부 지역에서는 염 판매를 일반 상인에게 위탁하는 제도를 도입하는 데 성공했다.

조운(漕運) 개혁도 중요했다. 조운이란 강남 등지에서 현물인 쌀로 세금을 징수하여 대운하로 베이징 근처까지 운송하는 관영사업이다. 그런데 징세나 운반 과정에서 말단 관리가 이런저런 방식으로 세금을 추가 징수하는 문제가 나타났다. 도주와 임칙서는 이 문제에 대해 근본적인 개혁을 단행하지는 못했지만 사태 개선을 위해 노력했다.

게다가 대운하는 황허 강(黃河) 흐름의 변동에 커다란 영향을 받았다. 대량의 토사를 품고 있는 황허 강은 토사를 하류에 퇴적시켜 오랜 역사 동안 물길을 여러 차례 바꾸어 놓았다. 19세기 말에 들어서 황허 강 제방이 종종 무너지다가 1824년에는 대규모 붕괴가 일어나 대운하의 운행이 곤란해졌다. 이에 도주와 임칙서는 대운하 대신 바닷길을 이용할 것을 주장했다. 이리하여 1826년에는 세금으로 거두어들인 쌀을 상하이에서 텐진까지 바다를 통해 운반했다. 운하를 둘러싼 기득권자들의 심한 반대에 부딪쳐 해운은 곧 폐지되었지만, 이 정책은 19세기 후반 조운이 해운으로 바뀌어 가는 과정에서 선구적인 역할을 했다.

치수(治水)는 무엇보다 중요한 과제였다. 도주는 장쑤 순무(巡撫)로 부임하자 강남 지역의 수리사업에 착수했다. 이 지역은 물길의 조건이 매우 특이했고 풍요로운 곡창지대이기도 했다. 이 지역 수리의 중요한 거점인 타이후(太湖)에서는 몇 갈래 하천이 흘러나와 동쪽 바다를 향한다. 평탄한 지형이기 때문에 물의 흐름이 완만해 하천에 포함된 토사가 침전되거나 퇴적되기 쉽다. 경우에 따라서는 조수(潮水)의 영향을 받는 곳도 있다. 즉 썰물이 토사를 바다로 밀어내는 경우도 있지만, 밀물이 토사를 밀고 들어오는 경우도 있다. 또한 원래 물이 저장되어 있던 토지를 사람들이 멋대로 개간해 저수 기능을 떨어뜨린 곳도 있었다. 그 때문에 물길이 막혀 홍수가 발생할 확률이 높아졌다. 또한 이곳의 벼농사는 타이후와 하천에 의지하고 있었기 때문에 홍수뿐 아니라 가뭄에도 대비해야만 했다.

　도주는, 지금까지 수리는 "전체적인 상황을 고려하지 않은 채 물길의 흐름이 막히면 본류를 치수하지 않고 별도로 지류를 만들어 일시적으로 해결해 왔다. 그래서 지류는 점점 더 나뉘고 본류는 점차 막혀 갔다"라고 지적했다(《陶文毅公全集》卷28, 8~9쪽). 그리하여 현지 조사를 통해 세밀하게 공사비를 산정한 후 재원을 마련해 우쑹 강(吳淞江)의 하천 준설 공사를 단행했다. 도주가 량장(兩江) 총독으로 승진하고 몇 년 지나서 임칙서가 장쑤 순무로 부임하자, 두 사람은 서로 협력해 강남 수리사업을 진행했다. 그들은 수해와 가뭄 같은 재해가 발생하면 그 지역의 유력자한테서 기부를 받아 빈민을 구제하는 사업에도 힘을 쏟았다.

　이렇듯 도주와 임칙서는 대국적 견지에서 실태를 파악한 후 현실적으로 입안해 치밀하게 실시하는 방식으로 지방의 문제를 의욕적으로 해결해 나갔다. 개혁 방향은 19세기 후반에 진행된 청조의 체제 재건 사업에서 선구적 측면을 내포하고 있었다.

4. 아편전쟁

아편 무역의 기원 아편 문제는 청조의 내정에서 논의 대상이 되었을 뿐 아니라 영국과 전쟁을 벌이게 된 중요한 요인이 되었다. 시대를 조금 거슬러 올라가 아편 무역의 전개와 청조의 아편 대책 흐름을 살펴보기로 하자.

양귀비는 이미 당송 시대부터 약제로 사용되어 중국 대륙에서 재배되고 있었지만, 아편을 흡입하게 된 것은 17세기부터라고 한다. 아편은 덜 익은 양귀비 열매에 상처를 내어 유출되는 액즙으로 만든 마약이다. 처음에는 담배에 섞어서 피웠지만, 나중에 특이한 곰방대를 사용해 흡입하게 되었다. 17세기에서 18세기에 걸쳐 데칸고원에서 생산된 말와(Malwa) 아편은 인도 서해안에서 주로 포르투갈인 등을 통해 마카오를 거쳐 국내로 유입되었다.

1729년 옹정제는 아편 판매와 아편굴(아편을 흡입하는 가게) 경영을 금지했다. 가경제도 아편 무역 금지 방침을 천명하며 거듭 아편 금령을 내렸지만, 실효를 거두지 못한 채 오히려 인도로부터 아편 수입은 늘어만 갔다.

아편 수입이 증가한 배경에는 영국 동인도회사의 인도 식민 지배가 본격화된 사정이 있었다. 7년전쟁을 치르는 가운데 1757년 영국은 플라시전투에서 프랑스에 승리한 후 벵골 지역의 지배권을 확립했다. 영국이 거점으로 삼은 캘커타(콜카타)는 인도 동부에서 재배한 아편의 집산지가 되었으며, 18세기 말에는 동인도회사가 이 지역 아편을 전매하기 시작했다. 당시 영국의 인도 정청(政廳)에서 아편 세수입이 차지하는 비율은 적지 않았다. 말와 아편이 이 전매를 위협했기 때문에 영국은 마라타전쟁을 통해 데칸고원과 인도 서해안을 제압했지만, 말와 아편을 통제하지는 못했다. 결국 치열한 경쟁으로 아편 가격이 하락하는 가운데 조금이라도 이윤을 얻고자 더욱더 많은 아편이 청조로 유입되게 되었다.

청조와 영국의 무역 19세기 초 영국 동인도회사는 광저우에서 주로 차를 매입하고 영국산 모직물을 판매했지만 판매량이 신통치 않아 결국 차 대금을 은으로 결재할 수밖에 없었다.

한편, 영국 지방무역 상인(country trader)은 인도 구자라트 지방의 면화와 동남아시아 특산물을 광저우로 가지고 왔다. 동인도회사는 아편이 청조의 금지 품목이었기 때문에 아편을 자사의 선박에 선적하는 대신 지방무역 상인을 통해 중국으로 밀수출했다.

동인도회사가 영국 본국과 청조의 무역을 독점하고 있었기 때문에, 지방무역 상인은 영국과 차 무역을 할 수가 없었다. 따라서 지방무역 상인이 아편을 팔아 은을 획득해도 광저우에서 사들일 상품이 별로 없었다. 이에 지방무역 상인은 아편을 팔아 획득한 은으로 동인도회사가 발행하는 환어음을 구입해서 영국으로 송금했다. 동인도회사는 그 은으로 차를 구입해 영국에서 판매한 대금으로 환어음을 결제했던 것이다. 이렇듯 동인도회사와 지방무역 상인의 무역 활동은 서로 연결되어 있었다.

그러나 19세기에 들어서면 미국 상인이 광저우에 등장해 영국인의 버거운 경쟁 상대로 부상하자 동인도회사 무역의 효율성이 문제시되었다. 게다가 영국 북부의 공업지대를 중심으로 한 여론도 독점을 문제 삼는 태도를 보였다. 자유로운 통상을 무모할 정도로 이상화했던 것이다. 이리하여 1832년 영국 의회는 동인도회사가 중국 무역을 독점해 온 특권을 이듬해부터 폐지하기로 결정했다.

네이피어 분쟁　이 무렵 동인도회사는 관화인위원회(管貨人委員會)를 광저우에 주재시키고 이 조직을 통해 영국인을 관할했는데, 독점이 폐지된 후에는 영국 정부가 직접 관원을 파견해서 무역을 감독했다. 외무부 장관 파머스턴(Henry Palmerston, 1784~1865)은 무역감독관으로 파견되는 네이피어(William John Napier, 1786~1834)에게 신중하게 광둥의 관료와 절충할 것을 지시했다.

1834년 7월 마카오에 도착한 네이피어는 청조 측에 사전 통고도 하지 않고 광저우 상관(商館) 지구로 갔다. 게다가 지시 사항의 첫째 항목에 따라 자신이 도착했음을 직접 청조 측에 문서로 전달하고자 했다. 그러나 모든 외국인의 문서는 청조 측의 특허 상인을 통해서 관헌에 전달되는 것이 관례였기 때문에 청조 측은 이를 거절했다. 대립은 상관 지구의 포위와 무역 정지라는 사태로 발전했다. 네이피어는 함선 두 척을 광저우 근처인 황푸(黃埔)까지 진격시켜 군사적으로 위협했지만, 말라리아에 걸려서 어쩔 수 없이 물러나게 되었다. 이렇게 된 배경에는 무역 재

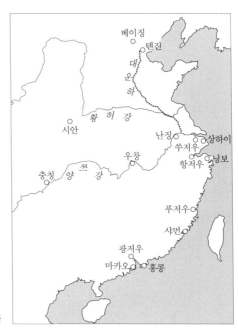

베이징
톈진
대
운
하
황 허 강
시안
난징
쑤저우
상하이
우창
항저우
닝보
충칭 양 쯔 강
푸저우
샤먼
광저우
마카오
홍콩

19세기 중국의 연해 도시들

개를 희망하는 영국 상인 일부가 네이피어의 강경책을 지지하지 않았기 때문이라고도 한다.

이 분쟁은 중국과 영국 사이에 몇 가지 문제를 내포하고 있었다. 우선 영국 정부가 파견한 무역감독관과 광둥의 지방 관료는 서로 어떠한 관계인지에 대해 공통된 인식이 없었다. 이는 네이피어가 문서의 양식이나 전달 그리고 회담장 의자의 배치 방식 따위를 놓고 대등함을 요구한 것에서 드러난다. 이런 요구는 어디까지나 영국 정부의 대표로서 행동할 것을 의식했기 때문이라고 생각한다. 네이피어도 매카트니와 애머스트처럼 의전을 둘러싸고 대립한 것이다. 또한 영국 측은 안전한 거점이 없기 때문에 상관 지구를 포위하는 공세에 취약했지만, 문제가 발생했을 때는 청조에 압력을 가할 만큼 강한 군사적 역량을 지니고 있었다는 사실을 지적할 수 있다.

　네이피어 사건은 아편 무역이 직접적인 쟁점이 되어 일어난 일은 아니었지만, 이러한 대립이 아편 밀수 문제로 귀결되면서 아편전쟁의 서막이 열리게 된 것이다.

**아편 밀무역과
자금의 흐름**　　청조의 관료와 병사는 아편 밀수를 단속해야 할 처지였음에도 뇌물을 받고 눈감아 주는 일이 비일비재했다. 유통 과정에서는 광둥과 푸젠 연해민이 커다란 역할을 했다. 1821년에 일어난 밀수 사건을 계기로 량광(兩廣, 광둥과 광시) 총독 완원(阮元, 1764~1849)은 단속을 강화하고 아편을 선적한 외국 선박을 쫓아냈다. 그러자 아편 밀수는 청조 관헌의 통제가 미치지 못하는 곳에서 이루어지게 되었다. 그 무대가 된 것이 주장 강 하구의 바로 앞바다에 해당하는 링딩양(零丁洋)에 정박하고 있던 돈선(躉船, 창고로 사용하는 선박)이었다. 아편을 싣고 온 외국 선박은 이 돈선에 짐을 하역했고, 밀수하는 연해민들은 광저우 영국 상관에서 대금을 지불한 후 교환증을 받아 쾌속선을 타고 돈선에 가서 아편을 수령하고 신속하게 사라지는 방식이었다. 이렇게 아편 밀무역이 1820년대에는 점점 더 번성해 갔다.

　무역 규모가 커지자 동인도회사가 발행하는 어음만으로는 지방무역 상인의 송금을 충당할 수 없게 되었다. 여기에 미국 상인이 개입할 여지가 생겨났다. 그 무렵 미국은 영국에 방적업 원료인 면화를 공급하고 있었는데, 런던에서 지불하는 어음으로 결재를 받았다. 그래서 차를 사려고 미국 상인이 런던에서 지불된 어음(은화가 아니라)을 가지고 광저우에 오면 지방무역 상인은 이 어음을 받아 본국으로 송금하게 된 것이다.

이렇듯 아편 무역은 미국 남부의 노예제 면화 생산, 영국 북부의 방적업, 그리고 런던의 금융시장과도 깊은 관계를 맺고 있었다.

그러나 아편 무역액이 급격히 증가하자 어음으로 결제하는 것만으로는 부족하게 되었다. 이리하여 청조로부터 은 유출이 커다란 사회문제가 되어 청조 관료들 사이에 논쟁을 불러일으켰다.

은 유출 여기에서 19세기 초까지 청조의 화폐제도를 간단히 살펴보고 넘어가자. 청조는 재정 수입과 지출을 기본적으로 은으로 산정했다. 몇몇 지역과 시기를 제외하고 토지세는 대부분 은으로 납부하는 것이 일반적이었다. 청조가 은을 중시하면서도 은화를 주조하지 않고 동전을 대량으로 발행한 것은 흥미로운 점이다. 은은 말굽 모양 덩어리(마제은馬蹄銀)로 유통되었고 무게와 순도에 따라 가치가 결정되었다. 이들 은괴는 대부분 16세기부터 17세기 중엽까지는 일본의 은 광산, 16세기 이후에는 라틴아메리카의 은 광산에서 유입된 것이다. 청조가 직접 연호를 넣어 주조한 동전은 둥근 형태에 사각 구멍이 나 있다.

일반적으로 은은 원격지 상업과 납세, 고액 거래 등에 사용되었고, 동전은 일상생활에 필요한 물건을 구입하는 데 사용되었다. 은과 동전의 교환은 민간 업자에게 위임했는데 시세에 따라 교환 비율이 변동했다.

19세기 초 중국 대륙의 연해부에서는 외국 은화도 사용되었다. 주로 에스파냐가 멕시코에서 주조한 그 은화는 달러라고 불리었다. 미국도 자국 화폐를 달러라고 이름 붙인 것에서 알 수 있듯이, 이 에스파냐 달러는 비교적 품질이 좋아 널리 유통되고 있었다. 그러나 청조 관료는 에스파냐 은화가 마제은(馬蹄銀)보다 높게 평가받는 것에 위구심을 품었다. 사

에스파냐 달러 에스파냐가 멕시코에서 주조한 은화. 발행을 많이 했고 순도가 높았기 때문에 남북아메리카 대륙뿐 아니라 중국 대륙 연해 지역과 동남아시아에서도 널리 사용되었다. 왼쪽 그림은 지브롤터해협의 신화 표상인데, 중국어로는 '쌍주'(雙柱)라고 한다(三上隆三, 《円の誕生》增補版).

용하기 편리하다고 외국 은화를 선호해 순도가 더 높은 은괴와 교환하면 은의 실질 가치 면에서 손해였기 때문이다. 나중에 멕시코가 독립하자 멕시코 정부가 주조한 은화도 청조에 유입되었다. 다만 이러한 은화와 이루어진 교환이 청조의 은 유출에 어느 정도 관련되었는지는 명확하지 않다.

여하튼 은화는 19세기 초까지 해외에서 중국 대륙으로 흘러 들어와 청조의 경제를 지탱하고 있었다. 그러나 광둥의 차와 생사(生絲) 수출이 불황에 빠지고 아편 밀수가 거액에 달하면서 아편 대금으로 마제은 등이 유출되기에 이르렀다.

이런 상황이 되자 관료들은 납세 문제를 우려하게 되었다. 당시 사람들은 일상생활에서 동전을 사용하고 있었지만, 세금을 납부할 때는 은으로 교환해야만 했다. 따라서 은 부족으로 은의 시세가 높아지면서 동전으로 환산할 때 부담이 늘어날 수밖에 없었다.

은 부족을 비롯한 화폐 문제는 사실 국제적인 금융 동향에서 유래하고 있었다. 청조의 관료는 알지 못했겠지만, 19세기 초기 유럽과 미국, 인도에서 은 가격이 상승하자, 1834년에 미국 정부는 은의 교환 비율을 낮추어 자국으로 금을 끌어들였다. 이리하여 그때까지 광둥에 에스파냐 달러를 가지고 온 미국 상인들은 은화를 입수하지 못하자 앞에서 말한 어음을 갖고 오게 되었던 것이다.

아편 정책을 둘러싼 논쟁 아편 중독의 위험성을 명확히 인식하고 있었던 가경제는 1814년 상유에서 "아편의 독성은 매우 강렬하다. 아편을 복용하면 누구든 사악한 자가 되어 무엇이든 제멋대로 행동한다. 장기간 복용하면 체력이 떨어지고 틀림없이 수명을 단축시키게 될 것이다. 마치 독약을 마시는 것과 같다. 서서히 퍼져 나가게 된다면 인심과 풍속을 크게 해치게 될 것이다"(《嘉慶道光兩朝上諭檔》19册, 372쪽)라고 언급했다. 그리고 아편 문제를 근본적으로 해결하기 위해 광둥에서 밀수를 단속할 것을 명했다.

하지만 문제는 아편 수입만이 아니었다. 19세기에 들어서면 이미 중국 대륙에서도 아편 재배가 널리 확산되고 있었고 아편이 문제가 되는 이유도 다양해졌다. 은 유출에 따른 경제적인 위기 말고도 아편이 병사들에게까지 퍼져 군사력의 약화를 가져온다는 지적도 나오게 되었다.

이런 가운데 1836년 태상사 소경(太常寺 小卿, 베이징 중앙정부 관직) 허내제(許乃濟, 1777~1839)는 아편 대책과 관련하여 대담한 상주(上奏)를 올렸다. 아편 금지를 이완하자는 이 제안은 뒷날 이금론(弛禁論)이라고 불리었다. 구체적으로는 아편 무역을 합법화하여 관세를 부가하고, 물품과 교환하는 것만 허락하여 은으로 아편을 구입하지 못하게 하자는 제안이다. 허내제에 따르면, 아편 밀수를 금지하는 것은 쉬운 일이 아닐뿐더러 오히려 관리가 뇌물을 받는 등 폐해가 커진다. 나아가 아편을 복용하는 자 가운데 변변한 자가 없고, 국내 인구도 전체적으로 증가하고 있으므로 어느 정도 중독자가 나와도 문제될 것이 없다고 했다. 덧붙인 상주문에서는 국내의 아편 재배 금지를 풀어 아편 수입을 막자는 제언도 했다.

이 논의는 광둥의 지식인 오란수(吳蘭修, 생몰년 미상)의 주장에 따른 것이다. 완원(阮元)이 량광 총독에 부임해서 학해당(學海堂)이라는 서원을 세웠는데, 오란수는 이 서원에 모인 우수한 문인·관료 예비군 가운데 한 사람이었다. 허내제는 광둥 출신은 아니지만, 오란수의 의견에 바탕을 둔 상주문은 광둥의 이익과 직결되는 것이었다. 즉 허내제가 올린 상주문의 요지는 밀무역을 없애자는 것이었지만, 결국 서양 국가와 이루어지는 교역을 광저우에 집중시키는 체제로 재정비하고, 나아가 광저우 상인에게 아편 무역의 이익을 가져다주기 위한 것이었다.

광둥의 이해관계를 제쳐 두고서도 허내제의 제안은 아편 밀수를 금지한다는 점에서는 실현 가능성이 높았다. 아편 유통을 상인 단체에 모두 다 맡김으로써 비로소 관이 통제할 수 있으리라고 예상했던 것이다.

조정에서 허내제의 제안에 대한 검토를 광둥 주재 관료에게 명하자, 량광 총독 등정정(鄧廷楨, 1776~1846) 등은 아편 수입 금지를 푸는 데 찬성했다. 하지만 베이징 관료들의 비판이 빗발쳤다. 금령을 제대로 지키지는 못할망정 오히려 풀어 주자는 견해는 본말이 전도되었다는 것이다. 이러한 원칙주의적인 지적을 받게 되자 등정정 등도 아편 해금책을 버리고 금령의 이행이라는 태도로 선회하게 되었다.

아편 수입을 합법화함으로써 유통을 통제하지 않는 상황에서 아편 밀수를 방지하려면 엄벌주의로 기울어질 수밖에 없다.

1838년 홍려사경(鴻臚寺卿, 베이징 중앙정부 관직) 황작자(黃爵滋, 1793~1853)는 아편을 피우는 자를 사형에 처해야 한다고 상주했다. 아편 중독자는 금단 증상으로 고통을 받기에 사형 말고는 아편을 끊게 할 방법이 없으며, 만일 아무도 아편을 피우지 않으면 외국에서 아편을 들여오는 일도 저절로 없어질 것이라는 의견이었다. 황작자는 1년의 유예기간을 두어 아편 흡입을 금하고 그래도 끊지 못한다면 사형에 처하자는 방책을 내놓았다.

허내제의 이금론에 대비하여 황작자의 제안을 엄금론이라고 부른다. 그러나 허내제와 황작자의 관점에는 공통점도 있다. 우선 은의 유출이 백성의 생활에 타격을 주어 재정 위기를 불러일으키는 현상에 어떻게 대처할 것인가 하는 문제의식이 명확하다. 그리고 가령 해외무역을 금지하거나 밀수를 엄격하게 단속하더라도 아편 유통을 완벽하게 통제할 수 없다는 인식도 일치하고 있다. 결국 정권 차원에서 백성들의 아편 중독을 어떻게 처리할 것인가를 둘러싸고 나타난 차이가 상반된 대책을 낳은 것이다.

도광제는 지방의 대관(大官)들에게 황작자가 상주한 의견을 검토하라고 명했다. 회답은 대체로 아편 엄금에는 동의했지만, 황작자가 상주한 내용의 핵심이라고 할 수 있는 아편 흡연자를 사형에 처한다는 제안에는 반대 의견이 다수를 차지했다. 예를 들면 즈리(直隸) 총독대리 기선(琦善, 1786~1854)은 아편을 피우는 자를 모두 사형에 처한다는 것은 현실성이 없는 정책이라고 의문을 표했다.

청조에서 사형은 물론 형벌 가운데 최고형이며 사형 집행을 최종 결정할 수 있는 이는 오직 황제뿐이라는 원칙이 있다. 그 배경에는 신중하게 심리함으로써 지나치게 무거운 형벌을 가하지 않도록 노력하는 것이 어진 정치라는 이념이 존재하고 있었다. 따라서 아편 흡연자를 사형 죄로 다스린다는 제안에 대해 가혹하다는 지적이 많은 것은 당연하다고 할 수 있다.

량장(兩江) 총독 도주(陶澍, 1778~1839)도 황작자의 의견에는 기본적으로 찬성하지만, 아편 흡연자를 살인 같은 무거운 죄와 똑같이 극형에 처하는 것은 조정이 엄벌로 무차별 위협하는 것이라며 극단적인 형벌에 당혹스럽다는 견해를 밝혔다.

광둥에 파견된 임칙서   후광(湖廣) 총독 임칙서(林則徐, 1785~1850)는 황작자의 제안에 찬성을 표명했다. 임칙서는 아편의 해악이 크기 때문에 과감한 수단을 도입해야 한다며 사형에 처함으로써 사람들이 두려워하게 해야 한다고 했다. 이를 위해 아편 흡입 기구를 몰수하거나 1년의 유예기간을 네 단계로 나누어 조금씩 무거운 형벌을 부과하는 방법을 고안했다. 나아가 아편 끊는 약에 대한 자신의 연구 결과를 상세하게 보고했다.

이와 관련하여 조정의 판단이 내려지기도 전에 임칙서는 자신의 관할 지역에서 아편과 흡입 기구를 몰수하여 불태우고 중독을 치료하는 약을 배포했다. 도광제는 이런 임칙서의 조치를 높이 평가했다.

황작자의 제안으로 의견이 모이자 도광제는 중앙정부 고관에게 지시하여 형부와 상담해 법령을 만들도록 했다. 그리고 이전에 이금론을 제기한 허내제에게 강등 처분을 내렸다. 그때 도광제는 "짐은 이(아편) 문제를 생각하면 참으로 비통하기 그지없다. 반드시 근절하여 장차 화근을 남기지 않기를 바란다"(《嘉慶道光兩朝上諭檔》43冊, 355쪽)고 결연한 의사를 표명했다.

임칙서는 조정에 불려 가 황제를 알현하게 되었다. 임칙서의 일기에 따르면 모두 여덟 차례 알현했지만, 구체적으로 무슨 이야기가 오갔는지는 자세히 알려져 있지 않다. 여하튼 논의의 중심은 아편 대책이었음에 틀림없다. 그 뒤 임칙서는 흠차대신(欽差大臣, 황제가 임명하여 특별히 파견하는 대신)으로 광둥에 파견되었다. 그 뒤 임칙서의 행동으로 미루어 보면, 당시 도광제로부터 영국인의 아편 밀수를 단속하라는 지시가 내려진 것으로 보인다.

하지만 임칙서는 황작자의 주장에 대해 의견을 내놓으면서도 아편 밀수에 대한 대책은 전혀 언급하지 않았다. 의견을 표명한 이들이 대부분 밀수 단속을 중시하고 있었는데도 왜 도광제는 임칙서를 광둥에 파견했던 것일까? 도광제는 광둥에서 밀수를 단속하는 어려운 과업을, 특별히 신임하던 임칙서에게 위임하고자 한 것이 아닐까 생각한다.

임칙서의 아편 몰수   1839년 3월 임칙서는 광저우에 도착해서 무엇보다 먼저 아편과 흡입 기구를 몰수하기 시작했다. 이어서 외국 상인에게 '사흘 안에 아편을 모두 관에 넘긴다. 앞으로는 아편을 갖고 오지 않는다. 만일 갖고 온다면 사형을 당해도 좋다'는 내용의 서약서를 제출하게 했다.

영국 정부를 대표해서 이 조치에 대응한 인물은 무역감독관 찰스 엘리엇(Charles Elliot, 1801~1875)이다. 임칙서는 마카오에서 광저우 상관 지구로 들어온 엘리엇을 포위하고 그 일대를 봉쇄했다. 그러자 엘리엇은 할 수 없이 아편을 넘기고 마카오로 돌아갔다.

임칙서는 몰수한 아편 2만여 상자를 처분하기 위해 새로운 방식을 도입했다. 땅에서 소각할 경우 아편 성분이 대부분 땅속에 스며들어 완전히 처리되지 않는다고 생각했다. 그래서 해안에 구덩이를 파고 물을 채우고 염분과 석회로 아편을 화학 처리한 뒤 밀물 때 바다로 흘려보냈다.

수많은 사람들이 이 광경을 구경하고 있었다. 임칙서가 아편을 횡령하지 않고 확실히 처분했다는 것을 보여 주는 동시에 아편 금지 정책을 철저하게 집행한다는 의지를 널리 선전하는 광경이기도 했다. 임칙서의 말에 따르면, 이 광경을 보러 온 미국 상인 킹 등은 임칙서를 향해 모자를 벗고 인사하며 경외하는 태도를 보였다고 한다(《阿片戰爭檔案史料》1冊, 611쪽).

아편 몰수와 폐기는 임칙서가 후광 총독 때 실시한 방식의 연장이라고 볼 수 있다. 또한 아편을 들여오지 않겠다는 서약을 요구한 조치에는 사형으로 위협한다는 발상이 담겨 있는데, 이것은 황작자가 제시한 아편 매매 단속 대책을 응용한 것이라고 볼 수 있다. 즉 임칙서는 자신이 국내 문제를 처리하면서 어느 정도 효과를 거둔 방책을 개선해 외국인의 아편 밀수에 대한 대책을 강구했던 것이다.

이 과정에서 아편 몰수는 임칙서의 요구대로 되었지만, 영국 측은 아편 무역을 하지 않겠다는 서약서 제출을 거부했다. 엘리엇이 자국 상인에게 아편 무역을 하면 사형에 처해도 좋다는 문서를 제출하게 할 리가 없었다. 그렇게 하면 영국인에 대한 청조의 처벌 권한을 인정하는 모양새가 되기 때문이다.

아편전쟁의 서막 이런 와중에 하나의 사건이 발생했다. 1839년 7월 7일 홍콩 바로 맞은편에 있는 주룽반도(九龍半島) 끝단 지역에서 영국 선원이 그 지역의 중국인을 살해한 것이다. 임칙서가 범인 인도를 요구했지만 엘리엇은 거부했다. 이에 임칙서는 영국인이 거점으로 삼고 있는 마카오에 식량 공급을 중단했고, 영국인은 마카오에서 해상으로 물러날 수밖에 없었다. 9월 4일 엘리엇이 탄 함선이 압박 해제를 요구하며 주룽반도에 근접하면서 양측은 서로 발포하기에 이른다.

마침내 11월 3일 주장 강 입구의 촨비(川鼻)에서 두 나라의 함선이 교전을 벌였다. 청조 측은 상당한 손실을 입었지만 임칙서는 조정에 승전했다고 보고했다. 이렇게 전쟁의 서막이 열렸는데, 임칙서가 광저우 방위를 위해 군대를 정비하고 영국 측도 지원군이 도착하기를 기다리면서 전쟁은 잠시 교착상태에 빠졌다.

그 무렵 영국 정부는 외무부 장관 파머스턴을 중심으로 원정군 파견 계획을 진행하고 있었다. 1840년 4월 8일 서민원(庶民院, 귀족원과 함께 영국 의회를 구성하고 있었다. 하원에 해당─옮긴이)에서는 전쟁을 시작한 영국 정부를 비판하는 그레이엄(Graham) 의원의 문제 제기를 두고 논쟁이 벌어졌다. 여기에서 글래드스턴 의원은 전쟁의 정당성에 의문을 제기했다. 다음 날까지도 질의가 계속되자 파머스턴은 중국 무역에 종사하는 상인의 청원서를 내보이면서 정부의 입장을 설명했다. 의사록에 따르면, 그레이엄 의원의 발언 중에 '표결하자,' '토론을 좀 더 하자'라며 공방전이 이어졌는데, 의장의 경고에도 불구하고 '표결하자'라는 고함 소리가 수그러들지 않았다고 한다. 262 대 271, 결국 9표차로 원정군을 파견한다는 정부의 주장이 통과되었다.

영국 함대의 위력　　영국 정부는 의회 통과에 앞서 인도 등에서 함대를 파견할 준비를 하고 있었다. 마침내 1840년 6월, 남서 계절풍을 타고 광둥 근해에 영국 함대가 집결했다. 크고 작은 함선은 합쳐서 16척(모두 범선)이었는데, 그중에 대포 70문 이상을 탑재한 군함이 3척이었다. 동인도회사도 무장 기선 4척을 보냈다. 영국 해군의 역량을 감안할 때 대규모 함대라고 볼 수는 없지만, 임칙서로서는 이 정도 병력이 올 것이라고 예상하지 못했을 것이다.

영국 함대는 광저우를 공격하지 않고 북쪽으로 이동하여 저장 성(浙江省)이 관할하고 있던 저우산(舟山) 군도의 딩하이(定海)를 점령했다. 그리고 더 북상하여 보하이 만(渤海灣)까지 들어가 하이허(海河) 하구에 있는 다구(大沽)에 이르렀다. 여기서 하이허를 조금 거슬러 올라가면 바로 톈진이다. 이 지역을 관할하던 즈리(直隷) 총독 기선(琦善)은 다구에서 파머스턴의 서신을 받아 조정에 보고했다.

조정은 영국 함대가 베이징의 코앞까지 접근해 온 사실에 안절부절못했다. 기선은 겨우 교섭을 통해 영국 함대를 광둥 쪽으로 물러가게 했다. 영국인이 임칙서를 비판한다는 기선의 보고를 받은 도광제는 임칙서가 전쟁의 원인을 제공한 것이라고 질책해 파면하고, 그 대신에 기선을 흠차대신으로 광둥에 파견해서 교섭하게 했다.

광둥에 도착한 기선의 처지는 곤란하기 그지없었다. 조약 체결을 강요하는 영국의 요구는 강경했고, 그렇다고 해서 쉽게 타협한다면 황제로부터 어떤 처벌을 받을지 알 수 없는 상황이었다. 결국 교섭이 결렬됨에 따라 1841년 1월 영국군은 공세로 나서 광저우에 이르는 바닷길 들머리에 있는 후먼(虎門) 포대를 점령했다. 이렇게 해서 다시 본격적인 전투가 벌어졌다.

영국 측이 묘사한 아편전쟁 동인도회사가 파견한 증기선 네메시스호(왼쪽)와 청조 수군. 영국군은 소규모 보트에 대포를 실어 공격하고 있는 것으로 보인다(《西洋銅版畵與近代中國》).

영국의 군사적인 압력 속에서 기선은 엘리엇과 교섭을 진행했다. 그러나 조정은 양보만 하는 기선의 자세에 불만을 표시해 마침내 그를 해임하고 처벌하는 결정을 내렸다. 이런 상황에서는 영국 측도 뒤로 물러설 수 없었다. 엘리엇도 타협적인 자세를 추궁받아 해임되고 헨리 포팅어(Henry Pottinger, 1789~1856)로 교체되었다. 포팅어는 군대를 북으로 이동시켜 샤먼(廈門), 딩하이(定海), 닝보(寧波), 자푸(乍浦), 상하이(上海), 전장(鎭江)을 연이어 점령하고 난징에 육박했다.

마침내 청조도 패배를 인정하고 강화 교섭에 들어가, 1842년 8월 29일 영국 군함 콘월리스호 배 위에서 영국의 요구를 받아들여 조약이 체결되었다. 오늘날 난징조약(南京條約)이라고 부른다.

난징조약의 의미　　난징조약의 주요 내용은 "① 다섯 항구(광저우, 샤먼, 푸저우, 닝보, 상하이)를 무역을 위해 개항한다, ② 홍콩을 영국에 할양한다, ③ 청조는 임칙서가 몰수한 아편을 변상하고 아울러 전쟁배상금을 지불한다"는 것이었다.

　난징조약에서 주목할 만한 것은 두 나라 사이에 대등함을 드러내고자 한 점이다. 한문판 조약문에서 청조 황제 도광제는 '대청 대황제'로 기록하고 영국 여왕 빅토리아는 '영국 군주'로 표기하고 있다. 여기에서 만일 '영국 왕'이라고 했다면 한문의 의미 체계에서 황제보다 지위가 낮아지게 된다. 아마 영국 측의 요구에 따라 의도적으로 '왕'이 아니라 '군주'라는 칭호를 사용한 것이라고 추측된다. 또한 양국의 관원이 문서를 주고받는 경우 동격이라면 대등한 문서 양식으로 한다는 것이 조약 제11조에 규정되었다. 일찍이 네이피어가 고심했던 문제 해결의 실마리가 잡힌 것이다.

　이 난징조약은 비교적 간략했기 때문에, 영국과 청조는 5항통상장정과 후먼짜이(虎門寨) 추가조약(모두 1843년)을 맺어 내용을 구체화했다. 또한 다른 국가들도 청조와 조약 체결을 희망했기 때문에 청조는 미국과 왕샤조약(望廈條約, 1844)을, 프랑스와 황푸조약(黃埔條約, 1844)을 체결했다.

　이 조약들 가운데 주목할 만한 것은 영사재판권이다. 영사재판권을 가진 나라의 시민이 청조의 영토에서 범죄 용의로 체포된 경우, 재판은 그 용의자가 소속된 나라의 영사가 담당한다는 규정이다. 또한 통상에 따른 관세율은 협상을 통해 정한다고 함으로써 청조가 자유롭게 변경할 수 없게 했다. 더욱이 청조는 각국에 대해서 최혜국 대우를 인정했다. 최혜국 대우란 청조가 타국에 인정한 가장 유리한 특권을 동등하게 획득한다는 것인데, 당시 청조는 일방적이고 무제한적으로 이 조항을 조약에서 승인한 것이다.

난징조약은 훗날 '불평등 조약'으로 여겨져, 가령 영사재판권의 철폐는 20세기 전반 중국 외교사의 염원이 되었다. 그러나 1840년대 갖가지 조약이 체결될 무렵에는 '불평등 조약'이라는 발상이 존재하지 않았다. 본디 청조의 입장에서 국가 간 평등이라는 사고방식 자체가 없었으며, 오히려 외국인을 달래기 위해 일시적으로 양보한 것이라고 설명했다.

난징조약이 체결되었을 때 베이징에서 고급 관료로서 직무를 막 시작한 증국번은 고향인 후난 성의 조부모에게 보낸 편지에서 이렇게 적고 있다.

> 영국 오랑캐가 강남에 쳐들어와 결국 화의를 체결했습니다. 난징은 남과 북을 연결하는 요충지인데, 우리에게 대들던 오랑캐(영국)가 그 급소를 제압하며 요새를 점거했습니다. 일단 임시방편으로 오랑캐와 화해하는 방책을 택해 전쟁을 막고 백성의 안위를 돌보지 않을 수 없습니다. …… 만일 오랑캐가 앞으로도 계속 변경을 위협하지 않고 전국이 안심하고 살 수 있다면, [맹자가 말하듯이 인을 존중해서 관대한 태도로] 대국이 소국에게 겸양하는 것은 천명을 즐기는 경지로서 상책이라고 할 수 있습니다(《曾國藩全集》家書, 1册, 32~33쪽).

하지만 조약에서 인정한 것은 언제든지 취소할 수 있는 그런 은혜가 아니라 상대의 권리로서 존중해야만 하는 것이다. 대부분의 청조 관료들은 이 점을 엄밀하게 이해하지 못하고 있었다. 본디 무력으로 밀어붙여 체결된 조약이기 때문에 그러한 준법정신이 길러지기는 어려웠을 것이다.

오늘날 우리는 난징조약을 청조의 대외관계사 속에서 매우 중요한 의미를 지니는 것으로 인식하고 있지만, 당시 청조 사람들은 그다지 실감하지 못했다. 또한 아편 무역에 대해서는 난징조약 등 1840년대에 맺은 조약에는 명기되지 않은 채 청조 측이 일정한 범위에서 묵인하는 것으로 되었다.

페리 제독의 견해 아편전쟁의 의미에 관한 미국 동인도함대 사령관 매슈 페리(Matthew Calbraith Perry, 1794~1858)의 견해는 무척 흥미롭다. 페리는 1854년 일본의 도쿠가와(德川) 정권과 미일화친조약을 체결한 인물로 유명하다. 그는 1856년에 쓴 논문에서, 아편전쟁은 "그다지 바람직하지 못한 원인으로 시작된 전쟁이지만, 결과적으로 중국 및 통상 세계 전체에 커다란 공헌을 했다"고 인정하면서도, 영국은 전쟁 승리를 이용해서 더 큰 성과를 끌어냈어야 했다고 서술하고 있다.

이 기회를 이용해서 영국 정부가 중국 전역에 좀 더 자유로운 정치 제도를 확립시켜 평화 시기에 모든 문명국가 간에 존재하는 공정하고 우호적인 관계 구축을 무조건적으로 인정하게 했으면 훨씬 더 현명했을 것이며, 결과적으로 훨씬 자비롭지 않았을까. 예를 들면 외국 공사의 베이징 궁정 출입 허가, 중국 전역에서 외국인의 신변 안전과 재산 보호, 중국 정부의 타당한 법률에 저촉하지 않는 한 인권과 신앙의 자유를 확보하는 일 등에 중국이 승인하도록 해야 하지 않았을까. 만일

1년만 더 전쟁을 지속했더라면 더 이상 피를 흘리지 않고 이러한 것들을 달성할 수 있었을 것이라고 생각한다(《日本近代思想大系 I 開國》 16쪽, M. William Steele, 太田昭子 옮김).

페리에 따르면 아편전쟁과 난징조약은 결과적으로 철저하지 못했다. 페리의 입장에서는 의식적·무의식적으로 일본의 개국을 높이 평가하려는 경향이 있는지도 모르겠다. 또한 이 시기 청조가 태평천국의 난으로 혼란에 처해 있었다는 점도 배경이 되었을 것이다.

그러나 난징조약을 맺은 지 10여 년이 지나도 서양 국가들이 청조의 자세에 만족하지 못했다는 것은 확실하다. 1856년 애로호 사건을 계기로 제2차 아편전쟁(애로호전쟁)이 일어난 것은, 페리의 지적대로 영국 역시 그러한 불만을 갖고 있었다는 사실을 보여 준다.

2장

반란과 전쟁의 시대

상군(湘軍)과 태평천국군의 전투 증국번이 지휘하는 상군(왼쪽)은 양쯔 강의 요충지를 둘러싸고 태평천국군과 싸워 승리했다(〈平定粵匪圖〉, 《兵不可一日不備─清代軍事文獻特展》).

1. 태평천국

기독교의 포교 19세기 초 청조가 기독교(프로테스탄트)를 금지하는 것을 알면서도 종교적인 열정으로 포교를 시도하는 자가 등장했다. 1807년 런던선교회의 로버트 모리슨(Robert Morrison, 1782~1834)이 광저우에 도착했다. 영국 동인도회사는 금지된 종교를 설파하는 선교사가 청조를 자극하지 않을까 우려했지만, 모리슨은 번역 일을 하는 것으로 동인도회사에 취직할 수가 있었다.

포교 방식은 제한되어 있었다. 모리슨은 우선 기독교 서적을 중국어로 간행해서 배포하기로 했다. 그러기 위해서는 인쇄하고 출판할 곳이 필요했다. 포르투갈이 근거지로 삼고 있던 마카오는 가톨릭 색채가 강한 곳이었기에 사정이 여의치 않았다. 모리슨은 말레이반도의 말라카를 거점으로 삼아 성서를 중국어로 번역 출판하고 교육기관인 영화서원(英華書院)을 설치했다.

모리슨의 유창한 중국어 실력은 1815년부터 13년 동안 마카오에서 간행한 사전으로도 알 수 있다. 그 사전은 대형본 6권의 책으로 완성되어 한자를 영어로 설명한 자전, 한자의 다양한 서체를 모은 표 등을 담고 있다. 영어로 중국어 숙어를 찾는 사전의 서문에서 모리슨은, 13년 동안 어휘를 수집했지만 "다양하게 파생하는 어구가 너무 많아서 영어 표현에 정확히 대응하는 중국어 어구를 완전히 모으려면 평생을 다 바쳐도 부족할 것이다"라고 고백하고 있다.

모리슨의 가르침을 듣고 기독교 신자가 된 양발(梁發)은 광둥 출신이었다. 양발은 《권세양언》(勸世良言)이라는 책자를 제작하고 말라카에서 인쇄하여 광둥에 널리 배포하려고 했다. 《권세양언》은 주로 성서의 내용을 발췌한 것으로, 유교에 대한 비판 등 중국 대륙의 포교를 위한 내용을 담고 있다. 그다지 체계적인 저작은 아니지만, 창세기 이래 구약성서의 주된 내용을 소개하고 예수의 수난과 부활의 의미를 설명하는 등 기본적인 교리를 소개하고 있다.

아편전쟁 후 영국에 할양된 홍콩은 기독교 포교지로서 더할 나위 없는 곳이었다. 그때까지 동남아시아 화교를 대상으로 선교 활동을 하던 기독교 여러 교파는 홍콩에 시설을 만들고 입신한 화교 인맥을 이용해 중국 본토에 포교를 할 수 있게 되었다.

홍수전이 본 환상 홍수전(洪秀全, 1814~1864)은 우연한 기회에 양발이 광저우로 가지고 왔다고 생각되는 《권세양언》을 손에 넣었다. 홍수전은 1814년에 광저우에서 좀 떨어진 화현(花縣) 농가에서 태어났다. 그의 집안은 객가(客家)라는 독특한 방언과 생활 문화를 가진 사람들이었다. 객가는 광둥어를 쓰는 원주민으로부터 외지에서 온 이방인 취급을 받아 경제적으로 비교적 조건이 열악한 토지로 이주했다. 객가는 부지런하고 단결력이 강했다고 한다. 만일 이 말이 어느 정도 타

홍수전 그의 초상은 모두 상상도이다. 이 그림은 태평천국에 종군한 영국인 린들리(Augustus Frederick Lindley)가 소개한 것이다(Lindley,《太平天國》1).

당한 설명이라고 한다면, 본래의 민족성에서 유래한 선천적인 것이 아니라 냉엄한 생활환경 속에서 어려운 처지를 극복하기 위해 길러진 후천적인 자질이라고 생각된다.

당초 홍수전은 과거 시험을 목표로 공부에 몰두하고 있었다. 과거를 보기 위해서는 우선 생원 자격을 획득해야만 했다. 홍수전은 몇 차례 광저우에 가서 시험에 응시했으나 그때마다 낙방하고 말았다. 그러던 중 광저우 거리에서 배포되고 있던《권세양언》을 손에 넣었지만, 그 무렵에는 그대로 서가에 꽂아 놓은 채 잊고 지냈다.

그 뒤 또다시 과거에 떨어지고 낙담한 채 고향에 돌아온 홍수전은 중병에 걸려 불가사의한 환상을 체험하게 된다. 환상에서 그는 어떤 노인한테서 "이것으로 악마를 멸하라"라는 명령과 함께 검을 받고 왕의 증표까지 받았다. 석 달 열흘 계속된 환상 속에서 홍수전은 형뻘 되는 중년 남성의 도움을 받으면서 악마와 싸웠다.

오늘날까지 전해 오는 이 환상의 내용은 홍수전이 훗날 밝힌 이야기에 바탕을 두고 있다. 따라서 종교적 지도자로서 권위를 증명하는 설화의 성격이 강하다고 할 수 있다. 이야기에 등장하는 노인은 여호와이고 형뻘 되는 중년 남성은 예수 그리스도를 가리킨다고 한다. 여하튼 홍수전이 중병에 걸려 꿈을 꾸는 가운데 무언가 암시적인 것을 터득한 것만은 분명하다.

병에서 회복한 홍수전이 곧바로 그 암시가 의미하는 바를 터득한 것은 아니다. 좀처럼 과거에 합격하지 못한 채 서당 선생을 하고 있던 어느 날, 서가에서《권세양언》을 꺼내 읽어 보고는 환상의 내용과 일치하는 것에 놀랐다. 이리하여 자신에게 부여된 사명을 확신한 홍수전은 1834년에 새로운 가르침을 설파하기 시작했다. 특히 우상숭배 금지를 중시하여 묘당에서 기리는 공자의 위폐까지 철거하려고 했다.

초창기에 같은 지역의 객가인 풍운산(馮雲山, 1822~1852)과 홍수전의 친족 홍인간(洪仁玕, 1822~1864)이 입문했다. 홍수전은《권세양언》이 자신을 위해 쓰여진 책이고, 자신에 대한 지침이 예언처럼 제시되어 있다고 했다. 받들어야 할 대상은 상제(上帝)라고 불렀다. 상제란《권세양언》에서 영어 '신'(God)의 번역어로 사용되었는데, 도교(道敎)의 최고신인 '옥황상제'가 중국인에게 익숙했기 때문에 그 표현에서 빌려 온 것이다.

그러나 고향에서 포교가 막다른 길에 이르자 홍수전은 풍운산과 함께 신천지를 개척하기 위해 여행길에 나섰다.

홍수전과 풍운산은 유랑하면서 가르침을 설파하며 광시 성으로 들어갔다. 광시 성은 오늘날의 광시 좡족 (壯族)자치구에 해당한다. 그들은 홍수전의 동족을 의지해 구이 현(貴縣) 에 이르러 마침내 객가 신자를 얻었다. 홍수전은 일단 고향으로 돌아갔 지만, 풍운산은 이웃인 구이핑 현(桂平縣)에 있는 쯔징산(紫荊山) 지역에 서 포교를 이어 가 그 지역 객가 사람들을 다수 신자로 끌어들이는 데 성 공했다.

구이핑 현은 명청 시대에 여러 방면에서 이주해 온 사람들에 의해 개 발이 진행되어, 광둥어와 객가어를 쓰는 한인뿐 아니라 야오족(瑤族), 좡 족 등도 살고 있었다. 그런데 18세기에 인구가 급증하는 가운데 이들 집 단 간 또는 일족 간에 다툼이 끊이지 않았다. 이미 성공한 일족은 토지를 사들여 지주가 되고 과거 합격자를 배출했으며, 묘당의 축제도 열면서 위세를 자랑했다. 반면에 경쟁에서 진 사람들은 불만에 가득 차 있었다. 풍운산의 포교가 성공한 이유로는 가뭄과 역병에 시달리던 가난한 사 람들이나 몰락하여 불안에 떨고 있는 사람들에게 상제의 구원을 설파한 것이 적중한 것이라 생각된다.

한편, 홍수전은 고향에 돌아간 뒤 홍인간과 함께 광저우에 가서 침례 교 선교사 로버트의 가르침을 받을 기회를 얻었다. 그는 이때 처음으로 성서를 읽었지만 세례를 받지 못하고 다시 광시 성으로 돌아와 풍운산 과 합류했다. 거기서 그들은 묘당의 우상을 파괴해 그 지역의 유력자와 대립하게 되었다.

그런데 쯔징산 지역의 신도들 가운데 새로운 종교적 요소가 나타났 다. 상제가 양수청(楊秀淸, 1821~1856)이라는 청년으로 환생하고, 예수 가 그의 친구 소조귀(蕭朝貴, 1820~1852)로 환생하여 명령을 내리게 된

태평천국의 머리 모양(왼쪽)과 청조
의 변발(오른쪽) 린들리(Augustus
Frederick Lindley)는 태평천국군
의 모습을 아름답게 묘사하고 있다
(Lindley,《太平天國》1).

것이다. 이런 일은 기독교의 입장에서 보면 기묘한 것이었지만, 이 지역
의 민간신앙에 내포된 샤머니즘적 요소 덕분에 쉽게 받아들여졌을 것이
다. 따라서 홍수전이라고 해도 천부(상제)와 천형(예수)의 지시를 따라야
만 했다.

천부와 천형은 대재앙의 도래를 예언하고 군사를 일으킬 것을 명했
다. 1850년, 신도들은 각지에서 집단을 형성하여 쯔징산 기슭의 진텐촌
(金田村)에 결집했다. 이 과정에서 지주들이 조직한 단련(團練, 유력자들
이 조직한 자위 단체)이나 관군과 충돌이 벌어졌다.

마침내 홍수전은 1851년 3월 천왕에 즉위했다. 이 시기인지는 명확하
지 않으나 국호를 태평천국이라고 했다. 청조는 군대를 파견하여 본격적
으로 태평천국을 토벌했지만, 태평천국군의 전의와 단결이 견고해 쉽게
승부를 내지 못했다.

태평천국군은 풍운산의 전사를 비롯하여 큰 희생을 치르면서 전투를
이어 나갔다. 그 과정에서 자발적 또는 강제적으로 가담하게 된 자가 늘
어나 점점 더 거대한 집단으로 변모해 갔다. 태평천국군은 변발을 잘라
버리고 앞머리를 밀지 않았기 때문에 청조로부터 발역(髮逆, 머리를 기른

반역자)이라고 불렸다. 1853년 태평천국군은 후베이 성 우창(武昌)을 점령하고 양쯔 강을 내려가 마침내 난징(南京)을 함락시켰다. 홍수전은 도시 이름을 톈징(天京)으로 개칭하고 그곳에 궁전을 건설하고 나라를 정비했다.

태평천국의 통치　태평천국의 수도 톈징은 엄격한 사회 관리 방식으로 통제되었다. 모든 주민의 재산을 몰수하여 공유하고 남성과 여성을 나누어 편성했으며 부부라도 함께 거주하지 못하게 했다. 남성은 병사로 징발하고 여성은 전족(발을 묶어서 작게 하는 관습)을 금지해서 온갖 작업에 동원했다. 다만 이런 엄격한 관리 방식을 오래 지속하지 못하고 얼마 후 부부의 동거는 인정되었다.

태평천국은 언제든 청조와의 교전을 대비해야 했다. 일부 병력은 베이징을 향해 북상하여 청조군을 무너트리고 톈진(天津)의 남쪽 지역까지 도달했다. 그러나 청조군과 톈진의 단련이 방비를 견고히 하고 저항했기 때문에 태평천국군의 북정(北征)은 실패했다.

홍수전은 제왕처럼 거동했으나 황제에 즉위하지는 않고 '천왕'이라는 왕의 칭호에 만족했다. 이는 '상제'(여호와)를 숭배하는 이상 '제'(帝)를 자칭할 수 없다는 이유 때문이었다. 홍수전은 많은 비(妃)를 거느리고 궁중에 은둔하게 되면서 직접 정사를 돌보는 일이 줄어들었다. 정권에서는 천부, 즉 상제가 환생한 '동왕'(東王) 양수청의 권위가 높아지는 가운데 그에 대한 반발도 일어났다. 결국 내분이 일어나 양수청을 비롯한 수많은 사람이 살해되었다.

태평천국의 통치 이념은《천조전무제도》(天朝田畝制度)에 잘 나타나 있다. 여기에는 모든 인민에게 토지를 골고루 분배한다는 사회상이 그려지고 있는데, 유교의 이상적 치세 형태에서 큰 영향을 받은 것이라고 하겠다. 하지만 태평천국이 지배한 지역에서 이런 토지 분배는 실시되지 않았다. 그때까지 시행되던 토지 소유를 그대로 인정하고 청조와 마찬가지로 토지세를 징수해서 재원으로 삼았다.

1859년 홍수전의 친족인 홍인간이 톈징(天京)에 도착했다. 그때까지 홍인간은 홍수전의 봉기에는 참가하지 않은 채, 세례를 받고 홍콩 런던 선교회에서 활동하고 있었다. 이러한 체험을 통해 홍인간은 서양의 근대 제도에 대한 이해가 깊어졌고, 그 지식을《자정신편》(資政新篇)으로 출판했다. 이 책은 서양 국가들과의 교류를 권장하고 교통의 정비와 재정의 확립 등을 제언하고 있다. 그러나 전투의 공훈이 없었던 홍인간의 발언은 그다지 영향력이 크지 않았다.

후기 태평천국을 이끌어 간 이는 '충왕'(忠王)이라는 칭호를 가진 이수성(李秀成, ?~1864)이다. 그는 각지를 옮겨 다니며 싸웠지만 힘을 잃어 갔고 태평천국의 패색도 짙어졌다.

증국번과 상군 1850년 도광제가 서거하고 함풍제(咸豊帝, 재위 1850~1861)가 즉위했다. 도광제는 신중한 성품을 가진 넷째 아들과 재기가 넘치는 여섯째 아들 가운데 누구에게 황위를 물려줄 것인지 고심했다. 결국 넷째 아들에게 황위를 넘겨주고 여섯째 아들에게는 신하로서 최고의 지위인 '친왕'으로 삼는다는 유언을 남겼다. 이 여섯째 아들이 훗날 정치적으로 커다란 역할을 하는 공친왕 혁흔(恭親王 奕訢,

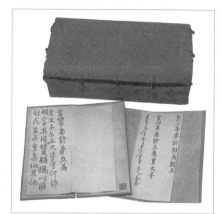

도광제의 유언장 넷째 아들을 선택했지만, 여섯째 아들을 '친왕'으로 삼는다는 유언을 적어 보관함에 넣어 두었다(《淸史圖典》10).

1832~1898)이다.

막 즉위한 함풍제는 광시에서 반란이 일어났다는 소식을 듣고, 은퇴해 있던 임칙서(林則徐)를 흠차대신으로 파견해 진압하게 했다. 하지만 임칙서는 광시로 가는 도중에 병사하고 말았다. 이런 연유로 청조의 대응이 늦어지는 가운데 태평천국은 세력을 확대할 수 있었다.

태평천국이 후난 성을 거쳐 후베이 성에 이르렀을 때, 여기에 맞서 싸운 이가 증국번이다. 증국번은 베이징에서 순조롭게 출세 가도를 달리던 관료였는데, 1852년 과거 시험 감독 책임자로 장시 성 출장 명령을 받았다. 그런데 장시로 가는 도중에 어머니가 사망했다는 비보를 전해 들었다. 청조의 관료는 부모가 사망하면 27개월 동안 관직을 떠나 상을 치르게 되어 있었기 때문에 증국번은 고향인 후난 성으로 돌아왔다. 이때 태평천국군은 후난 성의 창사(長沙)를 공격했지만, 성공하지 못하고 북상해서 후베이 성의 우창을 노리고 있었다.

1853년 단련을 편성해 토비를 진압하라는 함풍제의 명령이 증국번에게 도달했다. 그는 다소 망설였지만 창사로 달려가 활동을 개시했다. 가

증국번 후난 성 출신으로서 상군(湘軍)을 조직해 태평천국을 진압하는 데 큰 공을 세웠다(《曾文正公手寫日記》).

장 중요한 과제는 태평천국에 대항할 수 있는 강력하고 새로운 군사력을 조직하는 것이었다.

증국번이 조직한 상군(湘軍)은, 그 지역에서 유학을 공부하는 독서인이나 과거 수험생에게 호소하여 친척과 지인 등 연고 관계를 통해 간부를 선발하고, 될 수 있으면 순박한 농민을 모아 병사를 조직하는 독특한 방식으로 구성되었다. 이렇게 해서 증국번은 단결력이 높고 소박 강건한 기질이 넘치는 군사력을 보유할 수 있게 되었다. 상군은 주로 자기 지역의 경비를 담당하는 보통의 단련과 달리 타 지역까지 원정하는 것도 염두에 두고 있었다. 또 양쯔 강 전투에 대비하여 수군도 훈련시켰다. 드디어 진격을 앞두고 증국번은 전투의 의미를 호소하는 격문을 발표했다. 그 주요 내용은 태평천국 지배의 잔인함을 지탄함과 동시에 유교적 사회질서의 위기감을 표명하고 있다.

[태고의 성왕] 요순과 [이상적인] 하·은·주 왕조 시대부터 역대로 성인은 명분에 의거해 유학의 가르침을 지키고 인륜을 존중해 왔다. 군신부자·상하존비의 질서는 마치 관모와 신발을 서로 뒤바꿀 수 없는 것과 같은 이치이다. 광둥의 비적(태평천국군)은 외국 오랑캐가 시작한 것을 몰래 배워 기독교를 받들고 있다. 가짜 군주와 가짜 대신에서 병졸과 하찮은 사람에 이르기까지 모두 형제라고 부른다. 하늘만을 아버지라 부르고 그 밖에는 모두 아버지도 형제, 어머니도 자매라고 한다. …… 중국 수천 년의 예의·인륜과 문학·법규는 하루아침에 사라져 버릴 것이다. 이는 우리 대청의 위기만이 아니다. 개벽 이래 명교(名敎, 유교)의 일대 위기인 것이다. 우리 공자·맹자도 저세상에서 땅을 치며 통곡할 것이다(《曾國藩全集》詩文, 232쪽).

증국번은 태평천국의 사묘(寺廟) 습격과 우상 파괴는 역사상 비적(匪賊)들이 보인 태도와 전혀 다른 것이라고 하면서, "모든 묘가 불타고 모든 상이 파괴되었다"는 점에 대한 분노를 조목조목 들추어내며 전례 없는 위기라는 사실을 강조하고 있다.

게다가 이 격문에는 그러한 이념적 입장 표명만이 아니라 기부를 독려하기 위해 상당히 노골적인 거래 조건도 제시하고 있다. 기부액이 은 1천 량 이상인 자는 상주(上奏)해서 보고하고 그 이하는 영수증을 발행한다는 것이다. 여기서 상주 보고란 구체적으로는 관위·관직의 추천을 의미하며, 영수증이란 역시 관위·관직을 교환할 수 있다는 점이 전제된 것이다. 즉 매관(賣官)을 통해 군비를 조달한다는 것이다.

또한 반란군 중에 스스로 투항하는 자에게도 조건을 내걸었다. 투항할 때 두목을 죽이거나 성(城)을 청조 측에 넘긴 자는 자신의 부하로 삼아 관직을 수여하고, 무기를 버리고 투항한 자는 죽을죄를 면해 준다는 것이다.

증국번은 태평천국이 유교 윤리와 가족 질서를 파괴하는 것을 지적해 각지의 독서인과 유력한 종족을 자기편으로 끌어들이고 나아가 그들에게 관위까지 팔아 재원을 확보하고자 했다.

태평천국의 멸망　상군은 몹시 고전하면서 태평천국군과 싸웠다. 그런가 하면 태평천국 쪽도 양수청 일당의 살해 등 내부 분란이 일어남으로써 존립 기반이 흔들리기 시작했다.

영국을 비롯한 외국은 당초 중립적인 입장을 취하면서 태평천국의 동향을 살폈다. 1853년 홍콩 총독 조지 본햄(George Bonham, 1803~1863)은 군함을 이끌고 양쯔 강을 거슬러 올라가 톈징을 방문했다. 그러나 태평천국 측은 이를 귀순해 온 것으로 간주했으며 더구나 조약을 준수해야 한다는 인식은 애초에 없었던 것 같다. 영국과 프랑스는 무역 거점인 상하이를 방어하는 것을 가장 큰 목표로 여겼다. 이와 관련해서 주목할 만한 움직임은 미국인 프레드릭 워드(Frederick Townsend Ward, 1831~1862)를 지휘관으로 하는 상승군(常勝軍)의 조직이다. 처음에는 외국인을 모아서 화기로 무장시켰지만, 머지않아 대부분 중국인이 병사로 채용되었다.

제2차 아편전쟁(애로호전쟁) 후 맺은 베이징조약(1860)에서 청조에게 권익을 인정받은 영국과 프랑스는 점차 청조를 지지하여 상하이와 닝보에서 태평천국 세력을 몰아낸다는 방침을 취하게 되었다. 워드가 전사하고 그 후임자가 태평천국 쪽으로 넘어간 뒤 영국군은 찰스 고든(Charles

George Gordon) 대위를 상승군의 지휘관으로 추천했다. 고든은 교묘한 전술로 태평천국군을 몰아붙였다. 또한 상군을 거느린 좌종당(左宗棠, 1812~1885)은 저장에서 태평천국군과 싸우는 과정에 영국과 프랑스군의 지원을 받았다.

1864년 청조군이 텐징을 함락시킬 즈음 이수성은 홍수전에게 텐징을 버리고 재기를 꾀하자고 진언했다. 그러나 홍수전은 받아들이지 않았다. 증국번의 동생 증국전(曾國荃)의 군대가 텐징을 포위 공격하는 가운데 홍수전은 궁중에서 병사했다고 한다. 얼마 후 텐징이 함락되고, 살아남은 태평천국의 지도자들도 진압되었다.

이렇게 해서, 선교사의 포교 활동을 계기로 발생한 일종의 기독교계 신흥 종교와 그 가르침에 따라 독특한 새 왕조를 세우려던 운동은 종말을 고했다. 하지만 청조가 대응해야 할 반란은 그 밖에도 곳곳에서 일어나고 있었다. 지역마다 서로 다른 사정이 있었지만 꼬리에 꼬리를 물고 일어난 반란으로 인해 결국 청조는 커다란 위기에 봉착하게 된다.

2. 이어지는 반란

안후이 성(安徽省) 북부는 평원이 펼쳐지고 강남과 허난
염자의 활동　(河南)을 연결하는 교통의 요충지이기도 하다. 주로 밀(小
麥)을 재배하는 이곳은 가뭄이나 홍수, 메뚜기 떼 등 잦은 자연재해로 흉
년이 이어지고 있었다. 특히 수해가 심각했다. 19세기 전반까지 수세기
에 걸쳐 황허 강은 남쪽으로 흘러 화이허(淮河) 강의 흐름과 부딪혔다.
황허 강은 대량의 토사를 쓸어 와서 평탄한 곳에 퇴적시켰기 때문에 화
이허 강과 그 지류는 하류에서 막히기 일쑤였다. 게다가 화이허 강 유역
의 동쪽을 남북으로 달리는 대운하로 강남의 미곡을 톈진 방면으로 운
반하고 있었기 때문에, 청조는 이 지역의 배수를 희생하더라도 대운하를
유지하고자 했다.

　농민은 생존을 위해 이러저런 수단을 다 동원했다. 재해를 입었을 때
는 토지에서 이탈해 유랑 생활을 하거나 소금 밀매를 하고, 때로는 도적
단에 가담하기도 했다. 정부가 소금 전매를 유지하기 위해 단속을 강화
했기 때문에 소금을 밀매하려면 단속에 대항할 무기를 지닐 필요가 있
었다. 또한 일반 촌락도 도적단으로부터 자신을 지키기 위해 무장했다.

촌락의 유력자도 무뢰배들을 이용해서 자신의 안전을 꾀하게 되었다. 관에게 치안 유지를 기대할 수 없는 상황에서 도적의 피해를 입지 않으려면, 도적이 될 만한 자를 끌어들여 부하로 삼는 편이 더 나았던 것이다.

그런데 무장 집단 사이에 항쟁이 시작되면 어느 쪽이 약탈하고 어느 쪽이 방어하는지, 양민과 도적의 경계가 애매해졌다. 이른바 염자(捻子)라는 무장 집단은 이렇게 생겨났다.

1823년부터 1825년까지 안후이 성 순무를 지낸 도주(陶澍)는 이 지역의 치안 대책을 마련하느라 고심했다. 특히 사람들 사이에 무기가 나도는 실태를 도광제에게 이렇게 보고했다.

> 안후이 성의 펑양(鳳陽), 잉저우(穎州), 쓰저우(泗州) 같은 곳은 [장쑤 성] 쉬저우(徐州)나 허난 성과 이웃해 있고, 백성의 기풍이 몹시 호전적이어서 여차하면 사람에게 상해를 입히고는 합니다. 상해 도구는 엽총 말고는 대부분 금속 칼입니다. 이 지역의 어리석은 백성들은 오랫동안 악습에 젖어 있어 종종 금지된 무기를 지니고서는 자신을 보호하기 위해서라고 이유를 대고 있습니다(《陶文毅公全集》 卷24, 22쪽).

도주가 제시한 대책은 민간의 무기를 관에서 사들이는 것이었다. 그러나 치안이 악화된 지역에서 무기는 생존을 위해 꼭 필요한 것이 되었고, 도주도 머지않아 장쑤 순무로 발령이 났기 때문에 실행되지는 못했다.

도주는 장쑤 순무와 량장 총독을 역임했는데, 그가 임기 중에 추진한 중요 정책은 소금 전매를 재건한 것이다. 이런 조치는 재정적인 의도 말고도 소금 밀매를 통제함으로써 비적(匪賊)의 수입원을 차단하려는 목적이 있었다.

염군의 봉기　　1855년 여러 염자 집단은 안후이 성 북부 보저우(亳州) 쯔 허지(雉河集)에 결집해서 그 지역 호족인 장락행(張樂行, 1811~1863)을 맹주로 삼았다. 오늘날 연구자는 이를 '염군'(捻軍)이라고 하지만, 당시 청조는 '염비'(捻匪)라고 하여 진압 대상으로 삼았다. 장락행은 '대한'(大漢)의 맹주를 자칭하며 청조에 대항하는 자세를 취하고 때로는 태평천국과도 호응하는 움직임을 보였다.

그럼에도 염군은 전체적으로 통제된 반란군이라고 할 수는 없었다. 염군이 세력을 확대하고 청조도 병력을 투입함으로써 전투가 계속되자, 안후이 성 북부와 그에 인접한 산둥, 허난 성의 평원지대에는 사람들이 방비를 가다듬고 결집하는 촌락이 늘어 갔다. 이들 촌락은 해자와 성벽을 쌓아 염군의 거점이 되기도 했다. 그러나 그것은 염군에 뿌리 깊은 토착성과 분산성을 불러오게 되었다.

몽골 귀족 출신인 썽거린천(僧格林沁, 1811~1865)은 흠차대신에 임명되어 염군을 진압했다. 1860년 그는 퇴각해 온 관군으로부터 정보를 수집하여 허난과 안후이의 염군에 관하여 다음과 같이 조정에 보고했다.

[여러 염비 집단은] 해마다 수차례 근거지를 벗어나 약탈을 일삼지만, 늘 관군이 없는 곳에서 방화와 약탈을 저지릅니다. 관군이 도착할 때까지 약탈을 자행하다 사라져 버립니다. 일단 촌락을 습격하면 언제나 재물과 식량을 약탈하고 가옥에 불을 지르며, 노약자는 죽이고 젊은이는 위협해서 끌고 갑니다. 자진해서 따르지 않은 이들도 살 집이 없어져 도적에 가담하는 상황입니다(《欽定勦平捻匪方略》卷88, 12~13쪽).

이렇게 해서 염군의 수는 증가해 갔다. 또한 그 거점의 주변은 광범위하게 약탈당해 식수와 식량도 없었다. 관군 병사가 식수와 식량을 얼마간 지참한다고 해도 보급 부족으로 얼마 안 가서 퇴각할 수밖에 없을 때 추격을 당하기 일쑤였다. 이러한 정세 보고는 국면 타개가 무척 어렵다는 변명으로 들리기도 하지만, 여하튼 청조가 염군을 진압하는 데에 온갖 어려움을 겪었음을 말해 준다. 썽거린천은 1865년 염군과 싸우다가 전사했다.

염군의 진압 증국번은 흠차대신에 임명되어 썽거린천과 함께 염군을 진압했다. 증국번의 상주문에도 염군과 벌인 사투 상황이 생생하게 보고되어 있다. 또한 이홍장(李鴻章, 1823~1901)도 회군을 이끌고 염군과 싸웠다. 회군(淮軍)이란 이홍장이 고향인 안후이 성에서 상군을 모방하여 편성한 군대이다. 회군을 지휘해서 두각을 나타낸 인물이 유명전(劉銘傳, 1836~1896)이다. 상군 지도자 중에는 후난 성의 독서인과 과거를 준비하던 사람들이 많았지만, 회군을 이끌던 유명전의 경력은 매우 특이하다. 그는 안후이 성 허페이(合肥) 출신으로 이홍장과 동향이다. 치안이 악화되자 단련을 편성하여 촌락 방어를 튼튼히 했고, 그 지역에서 용맹하기로 이름났다. 실제로 유명전의 출신은 염군의 지도자들과 비슷했다. 그는 청조를 도와 무관의 지위를 획득하고 나아가 회군에 참가해서 태평천국과 염군을 진압하는 데 공을 세웠다.

그런데 진압 작전을 전개하면서 지휘관들은 군사작전뿐 아니라 군비를 확보하는 문제로 어려움을 겪었다. 1866년 음력 8월 증국번은 다음과 같이 상주를 올리고 있다.

본래 지휘관이 병사를 거느리고 적을 토벌하는 경우, 총독이나 순무처럼 재정권을 장악하고 있는 경우가 아니면 군비 문제를 해결할 방안이 명확하지 않습니다. 상군과 회군 5~6만 명이 장쑤 성에서 군비를 조달하여 3성(안후이·산둥·허난)의 적을 토벌한 지 몇 년이 지나, 이홍장은 군비를 염출하기 위해 다양한 궁리를 하고 있습니다. 그러나 지난해는 회용(淮勇, 회군에 가담해서 싸우는 자)에게 급료를 8회밖에 주지 못했고 올해도 5월까지밖에 지불하지 못해 병사들한테서 이런저런 불만이 터져 나오고 있습니다(《曾國藩全集》奏稿, 9册, 5361쪽. 참고로 《曾文正公全集》에서 오식을 정정해서 해석했다).

이 글이 잘 보여 주고 있듯이 군사작전을 수행하려면 회군에게 급료를 지불해야만 했다. 다수의 군사가 적에 가담하지 않고 청조를 따르는 까닭은 바로 이 급료 때문이라고도 할 수 있다. 당시 장쑤 성 순무를 맡고 있던 이홍장은 강남 지역의 재정을 장악하고 있어서 이러한 군사작전이 가능했던 것이다. 특히 애초 태평천국을 진압하기 위한 재원으로 도입된 이금(釐金, 유통 과세)이 매우 큰 비중을 차지하고 있었다.

증국번은 얼마 후 군무(軍務)에서 물러나고 이홍장이 그 자리를 대신해 진압 작전을 이어 갔다. 전쟁터가 된 지역은 농업 생산도 타격을 입어점점 더 피폐해져만 갔다. 반면에 회군 측은 풍요로운 강남으로부터 보급을 받을 수 있었다.

청조의 진압 작전이 효과를 거두어 나가자 염군을 지지하고 있던 촌락들도 잇따라 청조 측에 서는 편이 상책이라고 여겨 반란군을 관에 넘기고 투항했다. 이리하여 염군 세력은 1860년대 말에 진압되었다. 하지만 염군 반란의 무대가 된 안후이 성 북부, 장쑤 성 북부, 허난 성 그리고 산둥 성 내륙지역은 여전히 빈곤 속에 놓여 있었다. 안후이 성 출신 중에는 유명전처럼 회군에 참가해서 군인으로 출세하는 자도 나타났다.

한족과 회족의 대립

동란은 멀리 내륙지역에서도 일어났다. 중앙아시아에서 서북 지역에 걸쳐서는 뒤에 다시 살펴보기로 하고 여기서는 버마 등과 국경을 맞대고 있는 윈난의 정세를 살펴보자. 윈난 성은 산이 많은 지역이다. 높은 산맥 사이를 계곡이 달리고 때로는 분지가 펼쳐진다. 이 지역은 한족과 다른 언어와 생활 문화를 가진 다양한 사람들이 살고 있었으나, 18세기 들어 한족의 이주가 시작되면서 경작지 개발이 진행되었다. 특히 윈난 성은 은과 동을 채굴하는 광산이 많아 수많은 이주민이 몰려들었다. 사회적 유동성이 활발한 데 비해 지방행정의 역량이 부족했기 때문에, 주민들은 스스로 자기를 방어하고 생존을 건 경쟁에 뛰어들어야만 했다. 이주민들은 저마다 출신지 별로 집단을 형성했는데, 의형제 맹약을 체결하고 결사를 맺는 이들도 있었다.

윈난은 본디 무슬림 주민이 많은 지역이었다. 그들의 선조는 13세기 몽골 시대에 서쪽에서 도래했다고 한다. 청대에 무슬림 주민은 회족(回族)이라 불리며 이슬람 신앙과 생활 문화를 유지했지만, 언어는 한어(漢語)를 사용하였다.

19세기에 이르면 윈난 성 서부 지역에서 회족이 연루된 무력 분쟁이 자주 일어났다. 물론 구체적인 대립에 들어가 보면 반드시 한족이 일체가 되어 회족과 다투었던 것만은 아니다. 한족과 회족 중에도 출신지나 기득권의 유무에 따라 입장 차이가 있었다.

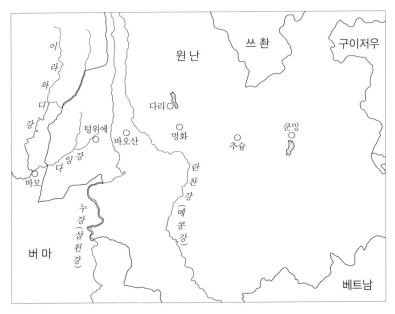

윈난성

그러나 격렬한 대립과 긴장 속에서 점차 '한' 대 '회'라는 대립 구도가 뚜렷하게 형성되어 갔다. 1845년 용창 부(永昌府) 바오산 현(保山縣)에서는 그런 대립으로 회족이 대량학살을 당하는 초유의 사태가 일어났다. 이 사건에 대한 지방 관료의 조치에 불만을 품은 회족 대표는 멀고 먼 베이징까지 가서 억울함을 호소했다.

이 난국의 해결을 담당하게 된 인물이 임칙서이다. 임칙서는 아편전쟁 후 처벌을 받아 신장의 일리(伊犁)로 유배되었지만, 그 뒤에 다시 기용되어 산시 성(陝西省) 순무에 부임했다. 산시 성에서 이미 회족의 무장행동을 진압한 적이 있는 임칙서는 1847년 윈난에 부임할 때 이미 회족에 대한 기본 방침을 세워 놓고 있었다. "한과 회는 출신이 다르다고 하지만, 조정에서 보면 모두 소중할 따름입니다. 다만 양민과 비적의 구별이 있을 뿐, 한과 회로 나누어 구별할 필요는 없습니다"(《林文忠公政書》雲貴奏稿卷, 1~2쪽).

고심하는 임칙서 윈구이(雲貴) 총독 임칙서와 윈난(雲南) 순무 정율채(程矞采)가 올린 상주문은 한족과 회족의 뿌리 깊은 대립을 다음과 같이 거론하고 있다.

한과 회의 원한은 오랫동안 쌓인 것으로 몇 세대에 걸쳐 관계가 좋지 않았습니다. …… 본디 무언가 원한을 품으면 곧 보복을 가하게 마련이지만, 보복은 원한을 넘어 관계없는 자까지 끌어들이게 됩니다. 이로 인해 악인이 악한 일을 선동함으로써 선인이 피해를 받게 됩니다. 이처럼 어이없는 일도 없습니다. 한과 회가 서로 보복하는 사건은 언제나 순식간에 벌어지는데, 이따금 타지에서 주거 미상의 불순 세력이 들어와 그대로 통제할 수 없는 군중으로 변하기도 합니다. 그리하여 회족의 불순 세력이 모이면 한족 촌락이 곧 불바다로 변하고, 한족의 불순 세력이 모이면 회족 촌락이 바로 초토화됩니다. 사람들이 너무나 혼란스런 상황 속에서 살해되거나 불태워지고 놀라서 뭐가 뭔지 모르는 가운데 피해를 당했던 까닭에, 가령 죽은 자를 살려내서 "너를 죽인 자가 누군가?" 하고 심문한다 한들 아마 명확히 대답하지 못할 것입니다. 사정이 이러하니 어떻게 범인을 조사하고 체포해야 할지 모르겠습니다(《林文忠公政書》雲貴奏稿卷, 13~14쪽).

이러한 상황에서 한족과 회족의 상호 불신은 깊어만 갔으며, 관의 조사도 지지부진했다. 가령 한족을 조사하면 관이 회족 편을 든다고 지탄받고, 회족을 조사하면 한족 편을 든다고 지탄받았다. 임칙서로서는 우선 한족과 회족 대표에게 서로 화해할 것을 권하는 것 말고는 달리 방도가 없었다.

회족이 베이징에 직소한 안건에 대해서는, 사건이 일어난 바오산 현에서 임칙서가 있던 쿤밍(昆明)까지 한족 피고인을 호송해서 심리할 필요가 있었다. 그러나 바오산의 몇 개 촌락에서는 향을 태우는 의식으로 결사를 만들어 관도 개입할 수 없는 상황이 된 지 오래되었다. 피고인을 호송할라 치면 그들이 피고인을 탈취하는 사건이 발생했다. 그들은 현의 관아를 습격하고 또다시 회족을 다수 살해했다.

임칙서의 보고에 따르면, 이 사건은 곧바로 자신에게 전달되지 않았던 것 같다. 실은 봉기한 세력이 바오산에서 윈난 성 중심부로 향하는 도중에 있는 란창 강(瀾滄江, 메콩강 상류)의 다리를 제압해 정보를 차단하고, 못된 자들을 회족이라고 거짓 보고를 올려 보냈던 것이다. 사태를 파악한 임칙서는 곧바로 군사를 모아 주모자를 비롯한 다수를 체포하고 엄하게 처벌했다. 취조하는 과정에서 바이이(오늘날의 타이족) 출신의 약장수가 사람들을 규합하는 데 중심적인 역할을 했다는 사실을 알아내고 그를 체포했다. 마시면 피부가 단단해져서 칼과 총포도 뚫지 못한다는 약을 팔면서 갖가지 주술의 힘으로 관병에 승리할 수 있다고 선동했다는 것이다. 이에 임칙서는 사람들의 동요를 고려하여 사형 중에서도 가장 무거운 처형 방법으로 다스릴 것을 주청했다.

이리하여 임칙서는 겨우 회족들의 베이징 직소를 검토할 수 있게 되었다. 임칙서는 이들 회족이 1845년에 발생한 사건으로 가족과 재산을 잃은 것을 인정해서 측은하게 여기는 한편, 이 사건뿐 아니라 서로 대립하는 전체적인 상황에서 보면 한족도 역시 피해자라는 사실을 인정했다.

이 설명에 회족은 납득하기 어려웠을 것이다. 베이징까지 가서 직소했을 때는 상당한 비용과 노력을 들여야 했고, 각지 무슬림의 협력을 얻을 필요가 있었기 때문이다. 말하자면 집념이 가득 담긴 상소였다고 할 수 있다. 임칙서의 판결은 현실적으로 온당했을지 모르지만, 회족의 깊은 원한을 풀어 주는 것과는 거리가 너무 멀었다.

임칙서는 윈난의 한회 대립을 일단락 짓고 나서 1849년에 병을 이유로 사직하고 은퇴했다. 그러나 윈난의 안정은 일시적인 것에 지나지 않았다. 베이징까지 가서 직소한 회족 가운데 한 사람인 두문수(杜文秀, 1823~1872)의 지도 아래 윈난을 뒤흔드는 대동란이 발생하게 된다.

두문수의 봉기 청대 윈난의 광산업에는 한족과 회족 모두 경영과 노동에 종사하고 있었다. 이에 이권 쟁탈 과정에서 한족과 회족 사이의 깊은 원한이 개입되어, 1850년대에 들어 특히 윈난의 남부 지역에서 대규모 분규가 발생했다. 공격을 당한 회족은 신변을 지킬 필요에서 마여룡(馬如龍), 마덕신(馬德新) 같은 지도자를 중심으로 모여들었다. 마여룡은 무예가 뛰어나서 무생원(武生員)이라는 지위를 가지고 있었다. 마덕신은 학식이 풍부한 인물로 성지 메카를 순례한 경험이 있었다. 두문수는 멍화(蒙化, 오늘날의 웨이산魏山)에서 봉기하여 1856년에 다리(大理)를 함락하고 점차 윈난 서부를 점령하게 되었다.

1857년 마덕신과 마여룡은 쿤밍을 공략하여 윈구이(雲貴) 총독을 자살로 몰아넣었다. 청조는 결국 마덕신과 마여룡을 회유하기에 이른다. 그리하여 마여룡은 청조 편에 서서 두문수와 싸우게 되었다. 두문수는

윈난의 풍경 두문수 봉기의 전승이 남아 있는 웨이산 이족 · 회족자치현의 농촌. 가운데 우뚝 솟아 있는 건물은 현대식 모스크이다(2002년, 지은이 촬영).

회족뿐 아니라 윈난의 원주민까지 끌어들여 반란 세력의 맹주가 되었다. 그는 자신을 술탄 술라이만이라 칭하고 자립적인 정권을 구축하려 했다.

1868년 두문수가 거느리는 반란군은 청조군을 격파하고 쿤밍을 공략했지만, 청조군은 서양 무기를 손에 넣고 반격에 나섰다. 결국 두문수는 영국의 지원을 얻으려고 시도했지만 실패하고 1872년 말에 자살했다. 이렇게 해서 다리(大理)가 함락되고 이윽고 반란이 진정되어 20여 년에 걸친 윈난의 동란은 겨우 막을 내리게 되었다. 이 동란은 윈난 지역 대부분을 황폐화시켰다.

대동란의 시대 살펴본 대로 19세기 중반은 청조의 처지에서 보면 대규모 반란이 계속된 고난의 시기였다. 물론 각지에서 발생한 반란의 경위는 다양했지만, 모두 지방 사회의 격렬한 생존 경쟁을 배경으로 하고 있었다.

이러한 격렬한 생존 경쟁은 전반적으로 18세기의 인구 급증이 불러온 것이라고 해도 과언이 아닐 것이다. 그리고 19세기 중엽에 일어난 전란으로 사람들이 다수 사망함에 따라 이 시기 전국 인구는 상당히 감소한 것으로 추정된다.

각지의 반란은 처음에는 산발적으로 일어났지만, 상호 연쇄적으로 발생하면서 청조를 곤경에 빠뜨렸다. 태평천국과 염군처럼 어느 정도 협력 관계가 있었던 경우는 물론이고, 그렇지 않아도 청조가 동원할 수 있는 병력에는 한계가 있었다. 그래서 한 지역의 반란을 진압하려다 보면 다른 지역에 배치된 군사력은 약해질 수밖에 없었다.

그렇다면, 청조는 어떻게 이런 반란들을 진압할 수 있었던 것일까? 뒤에 살펴보겠지만, 무엇보다 1860~1870년대는 영국을 비롯한 열강과의 관계가 안정되었다는 점을 꼽을 수 있다.

국내적으로는 청조가 몇 가지 측면에서 각지의 유력자를 자기편으로 끌어들인 것이 유효했다. 일단 청조 측에 협력해서 공적을 세우는 일은 입신출세의 중요한 수단이 되었다. 반란을 진압할 때 임칙서, 증국번, 좌종당, 이홍장 등이 올린 상주문에는, 반란군을 진압하는 데 누가 어떠한 공적을 세웠는지 상세한 보고가 다수 포함되어 있다. 이런 보고는 포상으로 관위와 관직을 수여하는 데 필요한 절차였다. 관에 군사비를 기부하는 것도 실은 관위를 구입하기 위한 또 다른 방식이었다. 증국번이 강조하는 유교적 질서 유지도 각지에서 동족을 결합하여 세력을 과시하는 유력자를 끌어들이기 위한 것이었다. 태평천국이 지향하는 세계관은 세력을 확대하는 과정에서 효과적으로 기능했지만, 한편으로 과거 시험 공부를 통해 유교 경전을 암송하고 있던 사람들에게는 그다지 환영받지 못했다.

그런가 하면 청조가 엄청난 군사비를 충당할 수 있었다는 점도 주목할 만하다. 이 시기 외국무역의 전개, 상품유통의 활성화 등 경제 동향을 잘 활용한 재정 시스템을 구축할 수 있었기 때문이다.

　이렇게 해서 청조는 체제를 재건할 수가 있었다. 그런 의미에서 19세기 중엽부터 청조가 쇠망해 갔다고 보는 시각은 타당하지 않다. 다만, 동란의 시대를 헤쳐 나가는 과정에서 종래의 통치 체제를 수정한 것만은 분명하다.

3. 제2차 아편전쟁

조계의 기원 1842년 난징조약에 따라 광저우, 샤먼, 푸저우, 닝보, 상하이 5개 항구가 개항되어 새로운 제도 아래 무역이 시작되었다. 영국은 항구마다 영사를 파견했는데, 영사관을 어디에 설치하고 해외에서 온 무역상들을 어디에 거주시킬 것인가가 문제였다. 그래서 청조와 후먼짜이(虎門寨) 추가조약(1843)을 체결하여 영국인이 거주할 장소를 청조의 지방관과 영국 영사가 협상해서 결정하기로 했다.

구체적인 상황은 항구마다 다른데, 여기에서는 상하이의 경우를 살펴보기로 하자. 19세기 초 상하이는 이미 국내 물류 면에서 중요한 역할을 담당하면서 번창하고 있었다. 초대 영국 영사 조지 밸포어(George Balfour, 1809~1894)는 우선 가까스로 자신이 거주할 집을 상하이 현성 내에 빌릴 수가 있었다. 성내란 성벽으로 둘러싸인 관청이 있는 도시 공간을 말한다.

밸포어는 상하이를 관할하는 소송태도(蘇松太道, 일명 상하이 도대)의 자리에 있던 궁모구(宮慕久)와 교섭하여 현성에서 북쪽으로 조금 떨어진 지점, 즉 황푸 강(黃埔江)과 쑤저우허(蘇州河)가 합류하는 지점 일대를 외국인 거주지로 삼았다. 이것을 정한 상하이 토지장정(土地章程, 1845)은 외국 상인이 자치적으로 도시 건설과 위생·치안 관리를 할 수 있도록 규정했다. 이 장정은 어디까지나 지역 차원의 결정이었지만, 장차 외국인의 거주 지구가 조계로 발전하는 계기가 되었다.

　이런 최초의 거류지 설정은 청조 관료로서는 우선 다행스러운 일이었다고 생각된다. 외국인이 개별적으로 주택을 빌려 성내에 거주하게 되면 이런저런 분쟁이 일어날 수 있었기 때문이다. 외국인도 자신들이 관리할 수 있는 지역이 설정되는 편이 좋았을 것이다. 이렇게 서로 이해가 일치하여 조계가 조성되었지만, 청조가 조약에서 인정한 영사재판권과 열강의 군사적·경제적 역량과 맞물려 조계는 당초의 예상을 훨씬 뛰어넘어 외국의 권익을 대변하며 성장해 나갔다.

소도회의 봉기　1853년 상하이 현성이 소도회(小刀會) 일단에 의해 점거되었다. 일종의 회당(會黨, 신앙으로 맹약을 체결한 결사)인 소도회는 넓게 보면 천지회 계통으로 '반청복명'(청조를 타도하고 명조를 부활시킨다)을 주창하고 있었다. 소도회와 대치하며 청조군도 근처에 주둔했다. 조계는 이 대립에 말려들지 않기 위해 중립을 지키려고 했다. 그러나 일부 외국 상인은 청조에 포위된 소도회 쪽에 물자를 판매하여 이득을 취하고 있었다.

　당시 영국 영사 러더퍼드 올콕(Rutherford Alcock, 1809~1897)은 무엇보다도 조계의 안전을 확보하는 일이 중요하다고 생각하여, 조약에는 없었지만 영국인 자경단을 조직하여 방비에 나섰다. 그 후 영국·미국·프랑스 세 나라 영사가 협의하여 제2차 토지장정(1854)을 정했다. 이 장정은 조계의 차지인(借地人)들이 모인 회의에서 승인됨으로써, 외국인 주민에 의해 정당성을 부여받은 자치 기구가 탄생했다. 또한 본래 중국인의 거주는 인정되지 않았지만, 전란을 피해 조계로 흘러 들어오는 사람들이 많아져 결국 외국인과 중국인이 섞여 거주하는 장소가 되었다. 1855년에 청조는 소도회로부터 상하이 현성을 탈환하는 데 성공했다. 외국, 특히 프랑스군도 이 작전을 지원했다. 이렇게 해서 상하이의 상황은 일단 안정을 되찾게 되었다.

   19세기 후반에 조계의 행정권은 외국인이 장악하고 있었지만 중국인이 많이 거주하게 되면서 활기를 띠어 도시로서 발전을 거듭했다. 상하이에서 프랑스는 독자적인 조계를 형성했지만, 영국과 미국은 공동으로 조계를 유지하고 있었다. 조계에서는 청소나 가로등 같은 도로 정비가 공공사업으로 필요했는데, 그 재원은 토지와 건물의 부가세나 부두 사용료 등으로 충당되었다.

해관의 외국인 세무사 제도　상하이가 해외무역을 통해 발전하자 무역에 과세하는 세관의 역할이 중요해졌다. 이제 종래와 같이 관료가 무역을 중개하는 상인을 정해서 세금을 징수하게 하는 방식을 계속할 수는 없었다. 자본이 얼마 안 되는 상인이 다수 존재하는 상황에서 그 제도는 적절하지 않았던 것이다.

   영국 영사 올콕은 청조의 해관(해외무역을 담당하는 세관)에 외국인을 고용하고 무역량을 정확히 파악해서 징세하는 방안을 제안했다. 소도회가 상하이 현성을 점거하면서 일시적으로 관세 업무가 중단되었기 때문이다. 이 외국인 세무사 제도는 당시 외국무역의 신장에 재빨리 대응한 징세 기구였다. 청조도 확실한 관세 수입을 기대했기 때문에, 이 제도는 전체로 확대되어 그것을 총괄하는 총세무사라는 직책이 신설되었다.

이렇게 해서 합리적으로 운영된 해관은 청조의 재정에 크게 기여했다. 게다가 청조는 해관에 고용된 외국인을 다양한 형태로 이용해 신규 사업을 펼치거나 외교 교섭을 진행하기도 했다.

애로호 사건에서 전쟁으로 1856년 10월 8일 광저우 거리 앞을 흐르는 주장 강(珠江)에서 하나의 사건이 발생한다. 영국 국기를 걸고 정박해 있던 화물선 애로호에 청조 관헌이 올라가 국기를 내리고 대부분의 선원(중국인)을 해적 용의자로 체포해서 연행한 것이다. 사실 이 선박의 유래는 매우 복잡했고, 본디 해적선이었지만 나중에 소유자가 바뀌어 홍콩 선적(船籍)을 취득하게 되었다.

이 조치에 대해 홍콩 총독 존 바우링(John Bowring, 1792~1872)과 광저우 영사 해리 파크스(Harry Parkes, 1828~1885)는 강력하게 항의했으나, 량광 총독 섭명침(葉名琛, 1807~1859) 역시 쉽게 물러서지 않았다. 광둥에서는 반영(反英) 움직임이 거세지면서 무력 충돌이 일어나기 시작했다.

이에 영국 정부는 개전 방침을 정했다. 당시 수상은 파머스턴이었다. 의회에서는 리처드 코브던(Richard Cobden, 1804~1865, 자유무역론으로 유명한 정치가) 같은 정치인이 정부를 강하게 비판했지만, 정부는 파병을 추진했다. 때마침 1857년 인도에서 세포이(인도인 용병) 봉기가 일어나 무굴 황제를 추대하고 대규모 반란으로 발전했다. 이 때문에 광둥으로의 파병은 늦어졌지만, 영국 정부는 프랑스까지 끌어들여 원정을 준비했다.

함락된 다구(大沽) 포대 영국인 사진가 펠릭스 베아트가 촬영했다(Clark Worswick and Jonathan Spence, *Imperial China*).

제2제정기의 프랑스는 가톨릭 선교사가 광시 성에서 살해된 사건을 이유로 전쟁에 참여했다.

마침내 1857년 12월 영국과 프랑스 연합군은 광저우를 공격하여 점령했다. 그 후 섭명침은 체포되어 인도로 호송되었다.

미국과 러시아도 가담하여 4개국은 통상 확대 등을 목표로 새로운 조약 체결을 요구했지만, 청조의 미진한 태도를 보고 더욱 압박해야겠다고 생각한 영국-프랑스 연합군은 북상하여 보하이 만에 이르렀다. 다구(大沽)에서 벌인 교섭이 순조롭게 진행되지 않자 영국-프랑스 연합군은 다구 포대를 함락하고 다시 텐진까지 진격했다. 이런 상황에서 청조도 조약 교섭에 나서지 않을 수 없게 되었다. 결국 1858년 6월 영국과 프랑스에 더하여 미국, 러시아 4개국이 각각 조약을 체결했다(텐진조약).

이 교섭 기간 동안 외국인이 톈진 부근에 체류하고 있다는 사실은 톈진의 관료와 민중에게 강한 심리적 압박감을 주었다. 관료의 처지에서 만일 외국인에 대한 상해 사건이라도 일어나게 되면 어떠한 보복 공격을 받을지 모르고, 반대로 중국인이 외국인의 앞잡이가 되어 행동하는 것도 염려스러웠다. 그래서 중국인과 외국인을 될 수 있으면 격리해 두고자 했지만, 그래도 외국인이 종종 거리를 활보해 사소한 분쟁이 일어나는 것은 피할 수 없었다. 다행스럽게도 큰 사건이 일어나지 않은 가운데 조약이 체결되어 영국-프랑스 연합군은 철수했다.

베이징까지 진격하는 영국-프랑스 연합군

교섭의 장은 상하이로 옮겨졌다. 청조와 영국은 통상과 관세와 관련하여 구체적인 문제를 해결할 필요가 있었다. 그러나 청조가 톈진조약에 규정된 외국 공사의 베이징 주재 항목을 삭제해 줄 것을 요구함에 따라 논의는 더 진전되지 않았다. 마침내 1858년 11월에 통상협정이 체결되어 새로운 관세율 등이 정해졌다. 여기에서 주목할 만한 것은 아편 무역이 인정되어 수입관세를 부과하게 되었다는 점이다. 실제로 아편전쟁 이후에도 아편 수입은 활발하게 계속되었지만, 비공식적으로 지방의 양해 속에 청조 관헌이 묵인했을 따름이다. 이때 맺은 통상협정에 따라 비로소 아편 무역이 합법화된 것이다.

1859년 6월 영국-프랑스 연합군은 베이징에서 톈진조약을 비준하기 위해 보하이 만에 도착했다. 그러나 톈진으로 가는 하이허(海河)에는 선박이 거슬러 올라오는 것을 방지하기 위한 장애물이 설치되어 있었다. 청조는 다구(大沽)에서 조금 떨어진 베이탕(北塘)에서 상륙시킬 계획이었지만, 전달이 잘 되지 않아 영국-프랑스 연합군은 장애물을 제거하며 강을 거슬러 올라갔다. 이런 상황에서 방어의 총책임을 맡고 있던 흠차대신 썽거린천(僧格林沁)은 다구 포대에서 영국-프랑스 연합군에 포격을 가했다.

이렇게 해서 교섭도 성공하지 못하고 청조와 영국-프랑스 간의 협상은 결렬되고 말았다. 1860년 8월 영국-프랑스 연합군은 다시 다구 포대를 함락시켰다. 영국-프랑스 연합군은 톈진 부근의 통저우(通州, 베이징 동쪽에 있는 대운하 종착점)에서 청조 측과 교섭을 벌였지만 결렬되었고, 그 과정에서 영국 영사 해리 파크스를 비롯한 영국인과 프랑스인이 포로로 잡혔다.

9월 외국의 침공을 두려워한 함풍제는 다수의 고관과 함께 베이징을 탈출하여 러허(熱河)로 향했다. 10월에 영국-프랑스 연합군은 원명원(圓明園)에 도착했다. 원명원은 옹정제가 건설하고 건륭제가 확장 정비한 청조의 이궁(離宮)으로 베이징의 서북쪽 교외에 있었다. 청조 측은 포로를 반환했다. 파크스는 무사했지만, 이미 사망하여 시신으로 반환된 자도 많았다. 영국-프랑스 연합군은 보복으로 원명원을 파괴하고 불태워 버렸다.

머지않아 이홍장 아래에서 태평천국을 진압하게 될 영국 군인 고든은 마침 원명원 약탈 현장에 있었다. 그는 고향의 어머니에게 보낸 편지에 이렇게 적고 있다.

우리가 불태워 버린 건물이 얼마나 아름답고 장대했는지 어머니는 상상도 할 수 없을 것입니다. 불을 지른 것은 정말로 가슴 아픈 일이었습니다. 실상을 말씀드리면, 몇몇 궁전은 너무 큰 데다가 시간에 쫓기고 있었기 때문에 대충 보고 약탈할 수밖에 없었습니다. 수많은 황금 장식품도 놋쇠(眞鍮)로 잘못 알고 불태워 버렸습니다. 이런 일은 군의 도덕성을 심하게 손상시키는 행위였습니다. 모두가 눈이 뒤집혀 약탈 하느라 정신이 없었습니다(Boulger, *The Life of Gordon* I, 46쪽).

고든은 옥좌가 있는 건물의 훌륭함과 프랑스 군인의 격렬한 약탈을 언급하고 있다. 하지만 놀랍게도 고든은 그 옥좌를 사들인 뒤에 자신이 소속된 육군 공병대 사령부에 기증했다.

약탈품은 이처럼 군사작전의 기념품으로 취급되었으며, 곧 런던 등에서 경매에 붙여진 것도 있었다. 그러나 원명원의 파괴는 병사 개개인의 폭주에 의한 것이 아니라 지휘관의 명령에 따라 조직적으로 저지른 일이었다. 이 만행은 곧 청조를 징벌한다는 의지를 표명한 것이다. 고든이 어머니한테 숨김없이 전하고 있는 것도 그것이 상관의 명령에 따른 정규 군인의 일이었기 때문일 것이다.

베이징에 남아서 교섭을 담당한 공친왕 혁흔은 영국·프랑스의 요구에 굴복할 수밖에 없었다. 조약은 영국·프랑스 측의 요구로 베이징 성내에서 조인되었다. 이어서 러시아도 베이징에서 조약을 체결했다.

총리아문의 성립 청조가 영국·프랑스·러시아와 각각 체결한 베이징 조약의 내용은 톈진조약을 보강하는 것이었다. 그 조약의 전체적인 내용은 다음과 같다.

우선 매카트니 이래 현안이던 외국 공사의 베이징 상주를 마침내 청조가 승인했고 그에 관한 의례 원칙도 정해졌다. 영국과 맺은 톈진조약

공친왕 혁흔 함풍제의 이복동생. 함풍
제가 사망한 뒤 총리아문의 운영에 중요
한 역할을 담당했다. 사진가 존 톰슨이 촬
영했다(J. Thomson, *Illustrations of
China and Its People*).

제3관의 한문판에는 "영국은 자주국으로서 중국과 평등하다. 대영(大
英)의 흠차대신이 국가를 대표하여 대청 황제를 알현할 경우, 만일 국체
를 손상시키는 의례가 있다면 실행하지 않는다"고 되어 있다. 그것은 대
영 군주의 사절이 서양 국가의 군주를 알현할 때 갖추는 의례와 동등해
야 하기 때문이라고 설명하고 있다. 그 밖에도 이를테면, 영국 영사와 청
조 도대(道臺, 지방장관)를 대등한 신분으로 규정하는 등, 서로 간 관원의
지위 고하에 따른 대응 관계를 명확히 의식한 것도 역시 회담이나 문서
교환 같은 구체적인 상황에서 대등함을 확보하기 위해서였을 것이다. 오
늘날의 시각에서 "영국은 자주국"이라고 명확히 기록하고 있는 것은 좀
의아스럽지만, 여기에서 확실히 해두지 않으면 양국은 '평등'하다는 영
국의 주장을 다수의 청조 관료에게 이해시키기 어려웠을 것이라는 사실
을 반영하는 것이다.

또한 베이징조약은 무역 관계에 대한 갖가지 규정을 담고 있다. 양쯔 강 일대에서 통상을 승인하고 개항장이 신설되었다. 그 후 조정을 거쳐 1860년대에 개설된 항구 중에는 보하이(渤海)에 면한 톈진, 뉴좡(牛莊, 실제로는 잉커우營口), 덩저우(登州, 실제로는 즈푸芝罘), 타이완의 2개 항구, 양쯔 강 중류의 주요 무역항인 한커우(漢口) 등이 포함되었다. 기독교에 대해서도 외국인 선교사의 국내 포교가 승인되었다.

이상의 규정이 장래에 크나큰 영향을 끼쳤기에, 이 전쟁은 역사상 커다란 전환점이 되었다고 할 수 있다. 이 전쟁은 애로호 사건을 계기로 발발했기 때문에 대개 애로호전쟁이라고 한다. 물론 틀린 말은 아니지만, 애로호 사건이 이 전쟁의 규모와 결과를 설명할 정도의 중요성을 띠고 있다고는 생각하기 어렵다. 오히려 아편전쟁 후에 영국인이 불만을 품고 있던 문제를 또다시 무력행사를 통해 해결하고자 한 것이라고 볼 수 있을 것이다. 특히 전쟁 결과 청조가 아편 무역을 조문으로 명시하여 인정한 것은 주목할 만하다. 그래서 연구자들이 이 전쟁을 제2차 아편전쟁이라고 하는 것은 충분히 타당성이 있는 것이다.

제2차 아편전쟁이 청조의 대외관계사에서 지닌 중요성은, 이 전쟁의 결과로 전문적 외교 기구인 총리아문이 베이징에 설립되었다는 점이다. 베이징조약 체결 후 영국-프랑스 측은 베이징에 외무부와 같은 관청을 설치할 것을 요청했다. 청조는 기존의 관제 체제를 될 수 있으면 변경하지 않는 선에서 1861년 총리각국사무아문(總理各國事務衙門)을 신설했다. 이른바 총리아문 또는 역서(譯署), 총서(總署)라고도 한다. 베이징조약의 교섭을 담당한 공친왕 혁흔이 총리아문의 핵심 역할을 담당하게 되었다.

한편 함풍제는 1861년 8월 피신처인 러허에서 병사했다. 사망하기 직전 유언에 따라 어린 아들(당시 여섯 살)이 제위에 오르고 종친인 숙순(肅順, 1816~1861) 등이 후견인으로 선정되었다. 그런데 함풍제의 시신이 베이징으로 옮겨졌을 때, 어린 황제의 생모와 공친왕 혁흔이 결탁해서 정변을 일으켜 숙순을 제거했다. 이른바 신유정변(辛酉政變)이다.

본디 함풍제의 황후는 아들이 없었다. 이에 비해 만주인 예허나라(葉赫那拉) 씨 출신으로 후궁에 들어온 여성이 유일한 후계자를 생산함으로써 황후 다음가는 황비의 지위에 올랐다. 이 황비는 정치적 야심도 강해서 이따금 숙순과 대립했고 권력투쟁의 와중에서 신유정변을 일으킨 것이다.

이듬해인 1862년 새로운 연호를 동치(同治)로 정하고 황후와 황제의 생모는 공동으로 황제의 후견인이 되었다. 이 '수렴청정'(발을 드리고 어린 황제 대신에 정사를 돌보는 것)에서 황후를 동태후, 동치제의 생모를 서태후라고 칭했다. 동태후는 정치에 관심이 없었기 때문에 동치제(재위 1861~1875) 시대에는 서태후와 혁흔이 중심이 되어 조정의 정치를 움직여 나가게 된다.

4. 서양과의 협조와 대항

외국어와 과학 제2차 아편전쟁 시기까지 청조에는 서양 언어를 이해할 수 있는 관원을 양성하는 제도가 없었다. 유일하게 아라사문관(俄羅斯文館)에서 러시아어를 가르쳤지만, 19세기에 들어서는 거의 유명무실해졌다.

그러나 서양 국가들과 교섭하는 가운데 외국어 능력을 갖춘 관원의 필요성을 절감하게 되었다. 그래서 베이징에 영어, 프랑스어, 러시아어를 가르치는 동문관(同文館)을 설치하는 문제가 제기되었다. 1862년 총리아문의 혁흔은 "각국의 상황을 잘 파악하기 위해서는 우선 그 나라의 언어와 문자에 정통할 필요가 있다. 그래야만 속지 않을 것이다"라고 했다(《籌辦夷務始末》同治朝 卷8, 342쪽). 이리하여 총리아문의 관할 아래 외국인을 교사로 고용해 동문관을 세우고 팔기(八旗) 자제들을 학생으로 교육시킨 뒤 성적에 따라 임용하기로 했다. 경비는 외국무역으로 들어오는 관세로 충당했다.

그리고 1866년 12월 총리아문은 동문관에 천문학과 수학을 배우는 특별 과정을 부설할 것을 제언하며 "서양인이 기계와 무기를 만들고 선박과 군대를 움직이는 것은 모두 천문학과 수학에서 유래하는 것입니다"라고 언급하고 있다(《籌辦夷務始末》同治朝 卷46, 1945쪽). 또한 이듬해 1월에 올린 상주문에서는 반대 의견을 고려하여 다음과 같이 주장했다.

> 서양인한테서 배우는 것을 부끄러워하는 것은 완전히 그릇된 생각입니다. 본디 천하의 부끄러움 가운데 가장 큰 부끄러움은 남에게 뒤떨어지는 것입니다. 조사해 보면 서양 각국은 수십 년 동안 기선 연구를 진행하며 서로 배우고 날마다 새로운 것을 만들어 내고 있습니다. 동방의 일본도 최근에는 영국에 인재를 파견해 언어를 배우고 수학을 깊이 연구하게 합니다. 언젠가 서양을 배워서 기선을 제작하기 위한 사전 준비를 하고 있기 때문에 수년 후에는 반드시 목적을 달성할 것입니다. 해상에서 패권 경쟁을 벌이고 있는 서양 각국은 말할 필요도 없이 일본 같은 작은 나라조차 분발해 두각을 나타내고자 하는데, 중국만이 구습에 얽매여 일어나지 않는다면 그것이야말로 가장 큰 부끄러움일 것입니다(《籌辦夷務始末》同治朝 卷46, 1983쪽).

천문학과 수학을 배우게 될 학생은 과거 최종 시험에 합격하기 전 단계인 거인(擧人)의 신분이 대부분이었지만, 얼마 후 진사 자격을 지닌 관료들까지 포함하도록 제안되었다.

이러한 계획은 유교를 최상의 가치로 여기던 관료들의 반발을 불러일으켰다. 동치제의 스승을 맡고 있던 대학사 왜인(倭仁, 1804~1871)이 반대의 깃발을 들었다. "얼마 전 베이징을 침략하고 원명원을 불태워 원한이 깊은 서양인에게 배우라는 것은 무슨 짓인가." 기독교의 확산에 대해서도 독서인이 유교의 가르침을 설파하여 대항해야 한다고 주장했다.

"생각하건대 나라를 바로 세우기 위해서는 예의를 존중해야지 권모술수를 따라서는 안 됩니다. 가장 중시해야 할 것은 인심이지 기술이나 재주가 아닙니다"(《籌辦夷務始末》同治朝 卷47, 2009쪽). 여기에는 과학기술의 습득보다 유교를 통한 사회 통합이 사대부의 사명이라는 생각이 반영되어 있다.

이에 대해 혁흔을 비롯한 총리아문 측은 전력을 다해 과학기술의 필요성을 주장했으며, 조정도 이를 지지하면서 왜인의 입을 다물게 했다. 하지만 왜인에 이어 천문·수학 교습 계획을 지탄하는 의견이 잇따랐다. 그런 가운데 학생을 모집해 교육을 시작했지만, 우수한 학생은 별로 모이지 않아 이듬해 이 특별 과정은 결국 동문관으로 흡수되어 버린다. 외국 지식을 수용하는 것에 관료들이 강한 반감을 표시함으로써 결국 혁흔 등의 시도는 좌절되었다.

군수공장 설립　증국번, 이홍장 등은 태평천국을 진압하는 과정에서 서양인의 도움을 받으면서 서양 무기의 우수성을 실감했다. 다소 시행착오를 겪으면서 1865년 이홍장은 상하이 조계에 있던 미국인 공장을 매입해 강남제조국(江南製造局)을 설립했다. 1867년 증국번은 용굉(容閎, 1828~1912, 예일대학 졸업)에게 의뢰하여 미국에서 구입한 기계를 합쳐서 공장을 상하이 현성 남쪽으로 이전했다. 여기에서 함선, 대포, 총, 탄약 등을 제조했다. 재원은 무역에서 획득한 관세로 충당했다.

무기 공장은 각지에 설립되었지만 특히 톈진기기국(天津機器局)이 중요한 곳이었다. 총리아문이 1866년에 제안해서 설립한 이 공장은 1870

년에 이홍장이 즈리(直隸) 총독으로 관할을 변경한 이후 크게 발전했다. 또한 좌종당은 민저(閩浙) 총독으로 재임하면서 푸저우 근처에 조선소를 설립하려고 노력했다. 그는 저장 성에서 태평천국을 진압할 때 협력한 프랑스인 지켈(Prosper Giquel, 1835~1886)과 대구벨(Paul d'Aiguebelle, 1831~1875)을 초청해 1866년 푸저우선정국(福州船政局)을 입안했다. 이 사업은 그가 은퇴한 뒤에도 지속되었다.

무기 공장의 신설은 태평천국과 싸운 청조 관료들이 서양식 군대 장비의 위력을 실감한 것이 중요한 계기가 되었다. 태평천국군조차 서양 무기를 구입하고 있었다는 사정도 한몫했다. 혁흔은 상주문에 이렇게 적고 있다. "아직 태평천국을 진압하는 중이므로 지금 서양으로부터 무기 제조를 배워서 적을 진압하는 것을 명분으로 삼는다면 자강을 추진하고자 하는 진의를 감출 수 있을 것입니다"(《籌辦夷務始末》同治朝 卷25, 1083쪽). 왜냐하면, 청조가 서양 국가들을 가상의 적으로 삼는다면 그들이 순순히 군사기술을 가르쳐 주지 않을 것이기 때문이다. 여기에서 군비 증강의 주된 목적이 외국에 대한 방어를 염두에 두고 있었음을 알 수 있다.

그뿐 아니라 기술을 정체시킨 당시의 관료제나 문화에 관심을 두는 문제도 제기되었다. 1864년 이홍장은 혁흔에게 보낸 편지에서 대포와 증기기관에 대해 상세히 설명하면서 이렇게 말하고 있다.

중국의 사대부는 경서의 글귀나 서체(과거 시험을 가리킨다) 같은 관습에 오랜 세월 정신을 빼앗겼으며, 무관과 병졸도 대부분 우매하고 주위가 산만한 탓에 실용과 학문이 서로 멀어져 버렸습니다. 그러므로 평시에는 외국의 이기(利器)가 주목을 끌지만 쓸모없는 것이라고 비웃으며 배우려 하지 않고, 유사시에는 외국의 이기에 두려운 나머지 신의 조화인가 하고 놀라면서도 배우려고 하지 않습니다. 서양인은 그렇지 않습니다. 그들은 이미 수백 년 동안 인간의 생사에 관한 중요한 학문으로서 화기(火器)를 연구해 왔습니다(《籌辦吏務始末》同治朝 卷25, 1087~1088쪽).

이어서 이홍장은 중국에서 기계를 제작하는 것은 마치 곡예라도 부리는 것처럼 인식되어 왔다고 신랄하게 지적하고, 서양을 본받아 군사기술에 뛰어난 인재를 고관으로 등용할 것까지 제언하고 있다. 유교와 과거라는 국가의 기본이야말로 문제의 근원이라는 대담한 견해였다. 앞에 나온 왜인(倭仁)의 입장과는 완전히 상반된다는 것을 알 수 있다.

나아가 1865년 강남제조국의 상황을 보고한 상주문에서, 이홍장은 자신의 의도가 무기 생산에 그치는 것이 아님을 설명하고 있다.

제가 특별히 드릴 말씀이 있습니다. 서양의 기기(機器)는 농경, 직조, 인쇄, 도기 제작 등에 사용하는 기구를 만들어 낼 수가 있습니다. 무기 제조만이 아니라 백성의 일상생활에도 유익한 것입니다(《李鴻章 全集》2冊, 202쪽).

이홍장은 새로운 기술이 산업에 널리 이용될 가능성을 시야에 넣고 있었던 것이다.

서양 서적의 번역 　1865년 총리아문에서《만국공법》(萬國公法)을 간행했다. 이것은 미국 외교관이자 학자인 헨리 휘턴(Henry Wheaton, 1785~1848)이 국제법에 대해서 논한 서적을 중국어로 옮긴 것이다. 혁흔의 설명에 따르면, 국가 간에 분쟁이 생겼을 때 의거하는 서적이 있는 것 같아서 찾아보니, 미국 공사 앤슨 벌링게임(Anson Burlingame, 1820~1870)한테서 선교사 윌리엄 마틴(William A. P. Martin, 1827~1916)이 중국어로 번역하고 있다는 얘기를 들었다. 이에 "중국의 제도와 견주어 보면 모두 합치하지는 않지만 그중에는 취할 바가 있다"고 보아 총리아문이 비용을 대서 간행했다고 한다(《籌辦夷務始末》同治朝 卷27, 1185쪽). 이 설명에 따르면 청조가 만국공법에 제약을 받는다고 생각한 것 같지는 않다. 그러나 얼마 전 프로이센 선박이 덴마크 선박을 다구(大沽) 근처에서 나포한 사건이 일어났을 때 만국공법에 의거해서 항의한 것으로 보아, 서양 국가들에 대해서는 유효하다고 인식했던 것 같다.

덴마크 선박 나포 사건은 1864년 슐레스비히와 홀슈타인의 귀속을 둘러싸고 프로이센과 덴마크 사이에 일어난 전쟁의 여파로 발생한 것이다. 총리아문이 근해에서 군사 행위를 한 것에 항의하자, 프로이센 측은 이 나포가 유럽 군법에 따른 것으로 해안에서의 거리도 국제법을 준수했다고 주장했다. 이에 대해 총리아문은 "유럽이 정한 군법은 중국이 알 바가 아니다. 또한 청조의 군사에 대해서 규정한《중추정고》(中樞政考)에 따르면 나포 지점은 중국의 해역이었다"고 주장했다(《籌辦夷務始末》同治朝 卷26, 247~249쪽).

이렇게 보면, 총리아문은 청조도 포함되는 준거할 만한 국제 규범의 존재를 부정하고 있었던 것을 알 수 있다. 따라서《만국공법》의 간행이

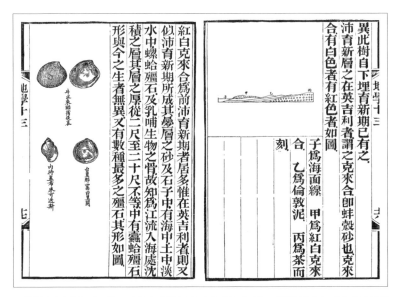

《지학천석》(地學淺釋)　찰스 다윈에 영향을 준 라이엘의 저작을 번역한 책이다. 지층과 화석의
도판도 충실하다(東京大学 総合図書館 소장).

곧바로 청조의 국제 인식을 변화시켰다고 보기는 어렵다. 그러나 베이징
의 동문관에서 윌리엄 마틴이 가르치고 만국공법에 대한 서적을 번역해
서 간행하는 등 지속적인 노력 덕분에 점차 청조 관원도 이를 이해하게
되었다. 베이징 동문관은 그 밖에도 자연과학 서적을 출판해 새로운 지
식을 보급시키고자 했다.

　상하이의 강남제조국에서도 무기 제조 외에 서양의 과학기술 서적을
중심으로 번역·출판 작업을 진행했다. 일찍이 명말 마테오 리치(Matteo
Ricci, 1552~1610)와 서광계(徐光啓, 1562~1633)가 절반 정도 번역한 유
클리드 기하학의《기하원본》(幾何原本)도 강남제조국에서 완역해 출간
했다. 영국인 선교사 알렉산더 와일리(Alexander Wylie, 1815~1887)가
수학자 이선란(李善蘭, 1810~1882)의 도움을 받아 번역한 것이다.《기하

원본》에 서문을 쓴 증국번은, 중국의 수학은 구체적인 계산법만 중시해서 원리적인 탐구를 결여하고 있다고 지적해 서양 학문의 특징을 예리하게 인식하고 있었다고 할 수 있다. 또한 강남제조국이 1873년에 출판한 《지학천석》(地學淺釋)은 영국인 지질학자 찰스 라이엘(Charles Lyell, 1797~1875)이 20년 정도 전에 막 출판한 책을 번역해서 다수의 원저 삽화와 함께 간행한 것이다. 이처럼 최근 저작에다가 군사 문제와 그다지 관계없는 서적도 번역 출판했다는 것은 주목할 만한 일이다.

톈진 교안　제2차 아편전쟁의 결과 기독교의 내지 포교가 승인되었다. 선교사의 활동은 지역사회에 동요를 일으켜 분쟁을 야기하거나 소송사건을 불러일으켰다. 그중에는 대립이 격화되어 폭동으로 번지는 경우도 있었다. 이것을 교안(敎案)이라고 한다. 1870년에 톈진에서 발생한 교안은 프랑스 영사를 비롯하여 다수의 인명을 앗아 간 까닭에 중대한 외교 문제로 발전했다.

톈진 조계는 톈진 성에서 동남쪽으로 조금 떨어진 하이허(海河) 부근에 조성되어 있었고, 이와는 별도로 프랑스 영사관과 가톨릭교회(望海樓)는 하이허와 대운하가 교차하는 지점에 건립되었다. 또한 가톨릭 수도회가 성 근처에서 고아원과 치료 시설을 운영하고 있었다.

사건이 발생한 그해 이상기후로 가뭄이 계속되는 가운데 약물로 유아를 마취시켜 유괴하는 자가 있다든가, 묘지에 어린이 시신이 버려져 있다는 등 괴이한 유언비어가 나돌았다. 가톨릭교도가 어린이의 눈알을 파고 심장을 도려냈다는 소문도 돌았다. 무엇 하나 명확히 밝혀지지 않은 채 의심이 의심을 불러와 긴장감이 팽배해져 가는 가운데 톈진의 지방관이 용의자를 조사하기 시작했다. 사람들의 흥분이 고조되는 가운데 프랑스 영사 앙리 퐁타니에(Henri Fontanier)가 3구통상대신(三口通商大臣) 숭후(崇厚, 1826~1893)의 관아에 나타나 항의하며 총을 발포했다. 숭후는 무사했지만, 퐁타니에는 숭후가 말리는 것도 듣지 않고 밖으로 뛰쳐나갔다.

그 무렵 톈진에는 지역의 유력자를 중심으로 '화회'(火會)라고 하는 소방대가 조직되어 있었다. 화회의 구성원은 길거리에서 물건을 파는 사람들이 많았지만, 화재가 발생하면 징 소리를 듣고 모이는 정의롭고 용감한 정신으로 무장하고 있었다. 퐁타니에가 밖으로 나와서 마주친 군중들은 징 소리를 울리면서 무기를 들고 달려온 화회 및 그에 편승해서 모인 사람들이었다. 이들 군중은 퐁타니에와 가톨릭교도들(중국인 교도를 포함해서)을 살해하고 교회와 고아원까지 습격했다.

여기에서 고아원이 적개심의 대상이 된 것에는 특수한 사정이 있었다. 가톨릭 교리에 따르면 세례를 받지 않고 죽은 어린이는 기독교도로서 구원을 받을 수 없었다. 그러므로 병에 걸려 쇠약해진 어린이를 모아 세례를 받게 해주고 사후에 매장했다. 그러나 이러한 행동이 톈진 사람들의 의심을 불러일으켜 격한 분노를 표출시키게 된 것이다.

사건 처리를 위해 톈진에 온 즈리 총독 증국번은 고심했다. 톈진의 여론은 대체로 의분(義憤)에 의해 폭동이 일어났다고 보고 있었고, 조정에도 기독교를 격렬하게 비판하는 상주문이 빗발쳤기 때문이다. 그러나 프랑스인 다수를 살해한 범인을 처벌하지 않으면 프랑스가 결코 납득하지 않을 것이며, 게다가 범인을 지목하는 것도 곤란했다.

이리하여 책임을 추궁당한 지방관은 헤이룽장 성으로 유배를 보내고, 살인하거나 상해를 입힌 범인에게는 사형 또는 유형(流刑), 도형(徒刑)을 내렸다. 진짜 범인인지에 대해서는 의문이 없지 않았으나 사형은 곧 집행되었다.

청조와 프랑스 사이에 일시적으로 군사적 긴장감이 높아졌다. 그런데 마침 나폴레옹 3세가 프로이센에 패하여 권력을 상실했기 때문에 프랑스 측은 톈진 교안에 대해서 관계자를 처벌하고 배상금을 지불하며 사죄 사절을 파견하는 것으로 일단락 지었다. 청조는 사죄 사절로 숭후를 프랑스에 파견했다.

증국번은 아들 증기택(曾紀澤)과 증기홍(曾紀鴻)에게 보내는 서신에서 "내가 처리한 조치는 모두 화평을 유지하기 위한 것이었지만, 틀림없이 청의(淸議)의 지탄을 받을 것이다"라고 적고 있다(《曾國藩全集》家書, 2冊, 1374쪽). 청의란 원칙적 입장에서 외국과 타협하지 않고 강경한 태도를 주장하는 의견을 가리킨다. 톈진 교안 처리를 통해서 증국번은 외세를 배척하는 여론으로부터 비판을 받게 되었다. 증국번은 이윽고 량장(兩江) 총독으로 전출되고 후임으로 이홍장이 임명되었다.

3장

근대 세계에 도전하다

청조의 책봉 사절이 나하(那覇) 항에 도착하는 광경   류큐 국왕이 되기 위해서는 청조 사절을 맞이해 책봉을 받는 의식을 치러야만 했다. 17세기부터 류큐는 사쓰마(薩摩)의 지배를 받게 되었지만, 이 사실을 청조 사절에게는 알리지 않았다. 청조와의 관계야말로 류큐의 존립을 지탱하고 있었기 때문이다(〈奉使琉球圖卷〉, 沖縄県立博物館《冊封使》).

1. 메이지 일본과 청조

상하이의 센자이마루 1862년 도쿠가와(德川) 정권은 센자이마루(千歲丸)를 상하이에 파견했다. 그 배경에는 관선(官船)을 대륙에 파견하여 적극적으로 무역을 추진할 가능성이 있는지 정권 당국자 사이에 논의되고 있던 사정이 있었다. 이미 전년도에는 하코다테 봉행소(奉行所)가 관선을 러시아령인 헤이룽 강(黑龍江) 하구 쪽 니콜라옙스크에 파견한 바 있다.

다음으로 홍콩과 상하이가 후보에 올랐지만 결국 상하이로 결정되어, 에도(도쿄)와 나가사키의 관리가 상인을 대동해서 가게 되었다. 이를 위해 나가사키와 상하이를 왕래하던 영국인의 범선을 사들여 센자이마루라고 이름을 붙인 것이다. 센자이마루는 무역품으로 석탄을 비롯해 상어 지느러미, 건해삼, 전복 같은 해산 건어물과 약용 인삼, 잡화 등을 선적하고 있었다. 센자이마루가 상하이로 운반해 온 상품은 무역상이자 네덜란드 영사(및 벨기에 영사) 직책을 맡고 있던 데오도루스 크루스의 창고에 보관한 후 매수자를 찾았다.

센자이마루 파견은 나가사키에 중국인(唐人)이 내항해서 해산물 따위를 매매하던 것을 보고 계획되었으며, 청조와 일본이 서양에 문호를 열고 서양인이 아시아 무역에 참여하는 새로운 상황 속에서 실현되었다.

센자이마루를 타고 상하이에 도착한 관리는 크루스의 소개로 상하이현 도대(道臺, 지방장관) 오후(吳煦, 1809~1872)를 만날 수 있었다. 오후에 따르면 정부가 필요할 때 중국 상인이 구리(銅)를 조달하기 위해 일본에 건너가고는 있지만, 일본인이 중국에 온 적은 없기 때문에 일단 화물은 네덜란드 선박이 수입한 물품으로서 통관시키도록 지시했다고 한다(《續通信全覽》類輯之部29, 719쪽). 이어서 청조는 일본이 무역을 요구해 온 것을 두고 대응 방안을 논의했다. 오후는 기본적으로 향후에 통상을 인정할 방침이었지만 일본의 움직임을 염려하는 의견도 있었다.

이 센자이마루를 타고 상하이를 방문한 사람 가운데 유명한 다카스기 신사쿠(高杉晉作, 1839~1867)가 있다. 다카스기는 조슈 번(長州藩)의 명을 받아 수행원 자격으로 동행했다. 그는 외국인이 지배하는 상하이를 보고 '영국과 프랑스의 속지'라고 해도 과언이 아니라고 했으며, 또한 청조의 군사 장비나 시설이 서양보다 뒤떨어져 있다고 지적했다(《日本近代思想大系1 開國》, 218, 222쪽). 이 관점은 그가 나중에 정치 운동을 할 때 커다란 영향을 주었다고 할 수 있다.

센자이마루에 이어서 1864년에는 하코다테 봉행소가 겐준마루(建順丸)를 상하이에 파견했다. 그 후 도쿠가와 정권이 붕괴되면서 당국자가 교체된 탓에 청조에 대한 관선 파견 경험은 부분적으로밖에 계승되지 못했다. 그러나 청조 측의 총리아문이나 증국번·이홍장에게 대일 정책에 대해서 생각할 계기를 제공했다는 점에서 의의가 있다.

조약 교섭의 시작 메이지 정부는 청조와의 관계를 어떻게 정립할 것인가 하는 문제에 직면했다. 기존의 나가사키뿐 아니라 요코하마, 코베, 하코다테까지 화교가 건너가고 일본인도 상하이에서 장사를 하려고 했기 때문에 대책을 마련할 필요가 있었다.

1870년 일본 외무성은 야나기하라 사키미쓰(柳原前光, 1850~1894)를 청조에 파견해 예비 교섭을 하게 했다. 야나기하라 일행은 우선 미국의 우편선을 타고 상하이로 가서 교섭을 시작하고 다시 톈진으로 갔다. 그 무렵 톈진은 프랑스 공사를 살해한 교안을 처리하느라 정신이 없는 상황이었지만, 야나기하라 등은 조약 체결을 위한 예비 교섭을 추진했다. 당초 총리아문은 조약을 맺지 않고 통상을 허락한다는 선에서 처리하고자 했지만, 야나기하라가 강하게 조약 체결을 요구함에 따라 청조 측도 조약 체결을 위한 교섭을 추진하는 데 동의했다.

그 후 일본에 어떻게 대응할 것인지를 논의하는 과정에서 증국번은 최혜국 대우를 제외하면 기본적으로 다른 나라들의 선례를 따라도 좋다고 제안했다.

원나라 세조(쿠빌라이) 같은 강한 자가 10만 대군으로 일본을 공격했지만, 1척의 배도 돌아오지 못했습니다. 명대의 왜구는 동남 지역을 유린해 커다란 피해를 주었지만, 이를 징계했다는 사례를 들은 바가 없습니다. 일본은 지난 시대의 일을 잘 알고 있어 중국을 두려워하는 마음이 없이 우리를 이웃나라로 칭하고 있습니다. 그래서 조선, 류큐, 월남(베트남)과 같은 조공국과는 사정이 다릅니다. 대등한 지위에 있다고 여겨 영국과 프랑스 같은 나라의 경우를 따르고자 하는 것이 일본의 본심일 것입니다. 들은 바에 따르면 일본은 물산이 풍부하고 값이 싸서 중국 상선도 끊임없이 일본을 왕래하고 있다고 합니다. 서양 나라들처럼 외국 상인이 중국에 오기만 할 뿐 우리 상인이 나가지 않는 것과는 다릅니다. 화인으로 일본에 가는 자가 많아지면 영사를 파견한 사례가 없는 중국은 관원을 일본에 주재시켜 중국에서 건너간 상민을 감독하고 또한 재판 시설을 설치해 화인과 외국인 사이에 벌어진 소송을 처리할 수 있을 것입니다(《曾國藩全集》奏稿, 4冊, 217쪽).

이와 같이 증국번은 일본과의 조약에 대해서 타국과는 다른 배려가 필요하다고 생각했다. 이홍장의 의견도 거의 같았다. 또 이홍장에 따르면, 야나기하라는 "서양인이 무리하게 압박해 문호를 열게 되었지만, 우리는 불만이 있어도 단독으로는 저항할 수 없기 때문에 중국과 우호적인 관계를 구축해 협력할 것을 바랍니다"라고 했다고 한다(《李鴻章全集》 4冊, 217쪽).

청일수호조규 1871년 일본 정부는 조약 교섭을 위해 대장경(大蔵卿, 메이지 초기의 관제로 재무를 담당하는 대장성의 장관―옮긴이)인 다테 무네나리(伊達宗城, 1818~1892)를 전권대표로 파견했다. 야나기하라 사키미쓰와 쓰다 마미치(津田真道, 1829~1903)가 수행했다. 마찬가지로 미국의 우편선을 타고 상하이로 건너가 톈진으로 북상해서 이홍장과 교섭을 시작했다. 일본 측은 청조가 서양 국가들과 체결한 조약과 동등한 내용을 희망했지만, 청조는 1860년대 이후 조약 체결 때 자국에 불리한 조항은 되도록 배제하려는 태도를 취했다.

청조는 지난날 서양 국가들과 벌인 교섭과는 달리, 처음으로 조약 원안을 제시하고 그것을 바탕으로 조약 교섭을 진행해 나갔다. 9월 13일에 조인된 청일수호조규(淸日修好條規)는 다음과 같은 내용을 담고 있다. ① 서로 침략하지 않을 뿐 아니라 제3국으로부터 부당한 대우를 받았을 때에는 서로 돕는다. ② 양국의 수도에 대신을 파견해 주재시킨다. ③ 양국 개항장에는 서로 영사를 설치해 자국민을 관리하고, 자국민 간의 재산에 관한 재판을 담당하게 한다. ④ 형사 사건의 경우 그 사건이 발생한 나라의 관리가 체포하여 영사와 함께 재판한다.

일본 측이 희망한 최혜국 대우는 거부당했다. 이리하여 청일수호조규는 대체로 두 나라가 대등한 원칙에 따라 체결되었다. 이홍장이 조정에 올린 보고에 따르면, 상호불가침 조약 내용은 일본이 조선 등에 침략할 것을 대비한 것이라고 했다(《李鴻章全集》4冊, 369쪽).

또한 함께 체결된 통상장정에는 무역을 추진하기 위한 합의가 이루어져 서로 개항장을 넘어 내지에 들어가 통상하는 것을 인정하지 않는다고 규정했다.

그 후 다테 무네나리 일행은 베이징에 가서 총리아문을 방문하고 공친왕 혁흔과 면담했다. 이는 일본에서 온 정식 사절이 청조의 수도인 베이징을 방문한 최초의 사례일 것이다. 일본 사절단이 귀국길에 다시 톈진의 이홍장에게 인사하러 가니 이홍장은 이렇게 말했다고 한다. "지금 유럽 나라들이 공사를 베이징에 설치하려고 하는 것은 병탄을 꾀하여 국위를 신장하려는 것이다. 귀국과 우리나라는 그 전철을 밟지 않기를 바란다"(《大日本外交文書》4卷, 234쪽). 이홍장은 일본이 서양에 기울지 않고 청조를 도와줄 존재가 되었으면 하고 기대했다.

동치제를 알현한 소에지마 다네오미 매카트니 이래 황제 알현 문제는 서양 국가와 청조 사이에 해결하기 힘든 과제였다. 청조가 요구하는바 무릎을 꿇는 의례는 서양 국가의 외교관으로서는 받아들이기 어려운 것이었다. 1860년대에는 베이징에 외국 공사관이 설치되었지만, 동치제가 어려 직접 정사를 돌보지 않았기 때문에 알현 의례를 둘러싼 논의는 뒤로 미뤄지게 되었다.

1873년 2월 마침내 동치제가 친정을 시작하자 러시아·독일·미국·영국·프랑스 다섯 나라 공사는 황제를 알현해 경하 인사를 드리고 싶다는 의사를 전달했다. 총리아문과 이홍장은 요구를 받아들여야 한다는 의견이었지만, 여기에 반대하는 사람도 있었다. 한림원 편수 오대징(吳大澂, 1835~1902)은 외국에는 무릎을 꿇는 예가 없기 때문에 반드시 서양식으로 의례를 진행하고자 할 텐데, 그것은 있을 수 없는 일이라고 했다. "조정의 의례는 역대 황제가 정하신 제도이기에, 지금 폐하 혼자서 마음대로 변경할 수 있는 사안이 아닙니다"(《籌辦夷務始末》同治朝 卷89, 3614쪽).

결국 알현을 허락한다는 상유가 내려져 총리아문과 각국 공사는 서로 납득할 수 있는 선에서 의례를 어떻게 할 것인지 구체적으로 논의했다. 거기에 청일수호조규의 비준서 교환을 마친 소에지마 다네오미가 국서를 가지고 베이징을 방문하여 역시 알현을 희망했다. 소에지마는 자신은 특명전권대사로서 다른 나라의 공사보다 지위가 높기 때문에 그에 걸맞은 대우를 요구했다.

이리하여 우선 소에지마 혼자서 알현하고 그 뒤에 다른 나라의 공사가 함께 알현하는 것으로 합의했다. 의례와 관련해서는 총리아문이 소에지마와 공사들을 초대해 사전 연습을 진행했다.

1873년 6월 29일 동치제는 자광각(紫光閣)에서 소에지마를 맞이했다. 자광각은 자금성의 서쪽에 있는 황제의 정원(오늘날의 중난하이) 안에 있어 건륭 연간부터 몽골 왕족 등을 접대할 때 사용되던 건물이다. 소에지마는 우선 앞으로 나아가는 도중에 멈춰서 세 차례 머리를 숙여 예를 올리고 중앙에 이르러 탁자 위에 국서를 놓고 다시 한 번 예를 올리고 경하 인사를 했다. 물론 수행한 통역관이 중국어로 통역을 했다. 인사를 마친 후 다시 한 차례 예를 올린 후에 동치제가 말을 했다. 혁흔이 그 말을 전해서 "짐은 귀국 대황제의 국서를 수리했다"고 했다. 그 통역을 들은 소에지마는 다시 예를 올렸다. 다시 동치제가 말을 하고 마찬가지로 전달과 예가 반복되었다. 그것을 마친 후 물러나면서 세 차례 머리를 숙여 예를 올렸다(《大日本外交文書》6卷, 184~185쪽).

이어서 다섯 나라 공사(러시아·미국·영국·프랑스·네덜란드)가 국서를 들고 마찬가지로 알현했다(독일 공사는 때마침 귀국해서 불참). 프랑스 공사는 일찍이 톈진 교안에 대해 사죄를 받은 것에 대한 대통령의 답변서를 봉정했다.

이리하여 소에지마는 새로운 방식으로 청조 황제를 알현한 최초의 인물이 되었다. 그런데 동치제가 1875년에 사망하고 어린 광서제(光緖帝)가 즉위했기 때문에 알현 의식은 또 잠시 미뤄지게 되었다.

류큐와 타이완　　류큐는 실질적으로 사쓰마 번(薩摩藩)에 복속하면서도 그것을 감추려 푸저우에 진공선(進貢船)을 파견하고 사절은 베이징에서 청조 황제의 접대를 받았다. 또한 류큐 국왕이 새롭게 즉위할 때에는 청조로부터 책봉 사절이 슈리(首里, 류큐 왕국의 수도―옮긴이)에 와서 의식을 거행했다.

19세기가 되면 영국을 비롯한 서양 선박이 의도적으로 류큐에 정박하게 된다. 특히 아편전쟁 후인 1840년대 후반이 되면 서양 선박의 내항이 더 잦았다.

1853년 미국의 페리 함대는 일본으로 향하는 도중에 나하(那覇)에 들렀다. 이듬해 페리는 에도 만에 이르러 조약 교섭을 추진했는데, 미국 측이 개항을 원했던 항구 가운데 하나가 나하였다. 도쿠가와 정권은 나하 개항을 거절했지만, 류큐의 위치를 대외적으로 어떻게 설명할 것인가 하는 과제가 주어졌다. 페리가 다시 나하에 도착해 조약 체결을 요구함에 따라 류큐는 사쓰마의 승인하에 미국과 수호조약을 체결했다. 류큐는 1855년에는 프랑스와, 1859년에는 네덜란드와 조약을 체결했다.

이러한 상황에서 메이지 정부는 류큐에 대해 어떠한 정책을 펼칠 것인지를 두고 고심했다. 그러던 중 1871년 류큐 왕국의 지배 아래 있던 미야코지마(宮古島)에서 공납물을 싣고 나하에 갔다가 돌아가던 선박이 타이완에 표류했고, 표류민 대다수가 타이완 원주민에게 살해당하는 사건이 발생했다. 생존자는 간신히 청조의 보호를 받아 푸저우를 거쳐 귀국할 수 있었다. 이 사건을 두고 일본에서는 타이완에 군사를 보내야 한다는 강경론이 등장했다.

1873년 소에지마 다네오미가 청일수호조규 비준 뒤 베이징을 방문했을 때, 총리아문에 야나기하라 사키미쓰 등을 파견해 타이완에 대한 청조의 시책을 살피게 했다. 야나기하라는 우선 포르투갈이 마카오를 지배하고 있는데, 만일 마카오에서 일본인이 연루된 사건이 발생한다면 청조가 대응할 수 있는지 여부를 타진했다. 총리아문 측은 대응할 수 없다고 대답했다. 이어서 야나기하라가 조선과 청조의 관계에 대해 문의하자,

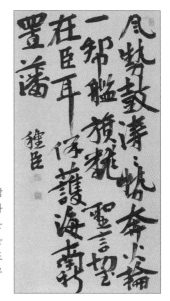

소에지마 다네오미가 청조에 사절로 파견되었을 때 소감을 읊은 한시 힘이 넘치고 독특한 서체로 소에지마가 직접 썼다(石川九楊,《蒼海 副島種臣書》). "거센 바람을 만나 파도가 힘차게 출렁인다. 한 무리 기선은 깃발을 높이 휘날리고 있다. 천황 폐하의 말씀이 내 귓전에 또렷이 남아 있다. 그것은 남쪽 섬에 새롭게 설치한 류큐 번을 보호하라는 것이다."

조선은 속국이지만 내정과 외교에는 관여하지 않는다는 대답을 들었다.

그러자 야나기하라는 화제를 돌려 일본은 타이완 사건에 대한 보복으로 군대를 파견하려고 하니 오해하지 말기를 바란다는 취지를 설명했다. 이에 대해 총리아문 측은, 살해된 사람은 일본인이 아니라 류큐인이고 류큐는 청의 번속국이라고 반론했다. 야나기하라도 일본이 오랫동안 류큐를 보호해 사쓰마에 복속시키고 있었기에 류큐인은 일본인이나 마찬가지라고 주장했다. 야나기하라는 이야기를 돌려서 "귀국은 살해 사건을 일으킨 생번(生蕃, 청조의 지배를 받지 않는 원주민을 가리킴)을 처벌했는가" 하고 묻자, 총리아문대신은 "'생번'은 왕화(王化)를 따르지 않기 때문에 통치의 대상으로 보지 않는다. 폭력을 제어할 수 없는 것은 청조의 교화가 미치지 않았기 때문이다"라고 대답했다고 한다(《大日本外交文書》6卷, 177~179쪽).

야나기하라 등 일본 정부는 이 문답을 통해 청조가 타이완 원주민과는 관계가 없다고 주장한 것으로 이해했다. 다만 이홍장의 인식은 달랐던 것 같다. 총리아문에서 나눈 대화를 전해들은 후 다른 지방관에게 "야나기하라의 태도와 말투는 오만하고 위협적이었다"고 할 뿐이었다(《李鴻章全集》30冊, 529쪽).

　귀국한 뒤에 곧 소에지마는 정부를 떠났지만(메이지 6년 정변), 오쿠보 도시미치(大久保利通, 1830~1878) 등은 반대를 물리치고 타이완에 군대를 파견할 방침을 추진했다. 영국과 미국은 막으려고 했지만, 1874년 결국 사령관 사이고 쓰구미치(西鄉從道, 1843~1902)가 이끄는 일본 군대가 타이완 원주민을 공격했다. 청조는 막 청일수호조규를 체결한 일본이 군사적 침공을 감행한 것에 놀라 방비를 견고히 했다. 그러나 양국 모두 본격적인 전쟁을 벌일 여력은 없었다. 오쿠보 도시미치가 베이징에 가서 영국 공사 토머스 웨이드(Thomas Wade, 1818~1895)의 중재로 가까스로 교섭함으로써 사태를 수습했다.

오키나와 현의 성립　　앞에서 소개한 야나기하라와 총리대신의 문답에서도 류큐에 대해서는 전혀 의견 일치를 보지 못했다. 일본 정부는 우선 청조와 논쟁을 피하고 타이완 침공과 병행해 류큐를 병합할 구체적인 시책을 진행했다. 당시 류큐 국왕 쇼타이(尚泰)는 1868년 청조의 사절을 맞이해 책봉 의식을 마쳤다. 이에 대해 일본 정부는 1872년, 우선 메이지 천황의 이름으로 쇼타이를 류큐 번왕에 임명하고 이어서 류큐가 미국 등과 체결한 조약에 대해서는 도쿄 외무성이 관할하는 것으로 했다.

그리고 1875년 청조와의 책봉·진공 관계를 일본 정부가 중단시키려고 하자 류큐 사족이 강하게 반발했다. 청조의 번속국이라는 것이 류큐를 존속시키는 열쇠가 되었기 때문이다. 류큐 측은 푸저우로 밀사를 파견해 이 사태를 청조에 전달했다. 또한 일본 정부에게는 '신의'의 존중을 근거로 책봉과 진공을 계속하게 해줄 것을 요청했다. 그러한 노력도 소용없이 1879년 일본 정부는 군대와 경찰을 류큐에 파견해 류큐 번을 폐하고 오키나와 현(沖繩県)으로 변경했다(류큐 처분).

한편, 청조는 이러한 일본의 류큐 병합 정책을 그대로 받아들일 수는 없었다. 가령 주영 공사 곽숭도(郭嵩燾, 1818~1891)는 국제회의를 열어 류큐의 독립을 인정하고 앞으로 조공은 면제하는 것이 좋다고 제언했다. 하지만 실현 가능성은 거의 없었다.

때마침 전 미국 대통령 율리시스 그랜트(Ulysses S. Grant, 1822~1885)가 청조를 방문했다. 그랜트는 남북전쟁에서 북군 최고사령관을 맡은 후 8년 동안 대통령을 지낸 인물이다. 그랜트는 혁흔과 이홍장으로부터 류큐 문제의 조정을 의뢰받아 다음 도항지인 일본에서 메이지 천황을 알현할 때 류큐를 청조와 일본이 분할하는 방안을 제안했다.

이리하여 1880년 류큐의 북부는 일본령으로 하고 미야코(宮古)와 야에야마(八重山)는 청조령으로 하는 방향으로 교섭이 진행되었다. 일본은 교섭의 대가로 쌍무적인 최혜국 대우를 요구했다. 이홍장은 미야코와 야에야마에 류큐를 재건하려고 했지만, 왕의 후보로 염두에 두고 있던 망명 류큐 왕족이 분할 방안을 단호히 거부했다. 게다가 청조 측에서도 분할을 반대하는 의견이 강해 결국 이 조약은 성사되지 못했다.

청조는 그 후에도 일본과 외교 교섭의 장에서 류큐 귀속 문제를 거론한 적이 있지만, 일본 측은 진지하게 받아들이지 않았다. 일본은 오키나와 현이라는 범주 안에서 통치를 추진해 나갔다.

조선의 동향　　조선은 막 건국한 청조의 침략을 받아 '상국'(上國)으로 모시는 처지가 된 이래 18세기에도 빈번하게 베이징에 사절을 파견하고 있었다. 베이징에 사절로 간 조선의 사대부들은 그곳에서 청조의 문인들과 교류하며 유학의 실상에 관해서도 대화를 나누었는데, 그중에는 가톨릭교회를 참관하는 이도 있었다.

또한 조선은 일본의 에도(江戶)에도 이따금 통신사를 보내는가 하면 쓰시마(対馬)를 통해서 일본과 무역도 했다. 이것을 교린 관계라고 한다. 청일수호조규를 체결할 때까지 청조와 일본은 정부 차원의 교류가 없었기 때문에 조선의 입장에서 보면 청조나 일본과의 관계는 특별히 문제될 것이 없었다.

서양 국가들과의 접촉은 조선왕조에 새로운 과제를 안겨 주었다. 1863년에 고종이 즉위했지만 실제 정치는 아버지 흥선대원군이 움직여 나갔다. 조선의 정치는 주자학을 기본 이념으로 하고 있었기 때문에 청을 경유하여 전해진 가톨릭은 엄격한 탄압의 대상이 되었다. 1866년 프랑스는 자국 신부가 처형된 것을 빌미로 조선에 군함을 파견하여 전투를 벌였다(병인양요—옮긴이). 그보다 한 달 앞서 미국 무장 상선 제너럴셔먼호가 무역을 요구하며 조선에 왔다가 소실되는 사건이 발생했다(신미양요—옮긴이).

프랑스와 미국은 베이징에 공사관을 두고 있었기 때문에 청조의 총리아문에 불만을 제기했다. 조선이 청조의 속국인 이상 청조가 책임지고 대응해야 한다고 요청했다. 그러나 청조는, 조선은 속국이지만 '자주'라고 회답했다. 이것은 청조의 종래 방침을 설명한 것이지만, 프랑스와 미국이 느꼈듯이 일종의 책임 회피라는 측면이 있었다고 해도 좋을 것이다. 한편, 조선은 청조의 속국이기 때문에 마음대로 타국과 관계를 맺을 수 없다고 설명했는데, 거기에는 현실적으로 청조의 비호를 받고자 하는 의도가 담겨 있었다.

일본은 1875년 군함을 조선에 파견해 강화도에서 분쟁을 일으키고 조선과 전투를 벌였다. 이 사건을 계기로 조약 교섭을 시작하여 1876년에 조일수호조규(朝日修好條規, 이른바 강화도조약)를 체결했다. 조약문 제1항에는 조선국은 '자주국'이며 일본국과 동등한 권리를 갖는다고 되어 있다. 일본은 이것으로 주권국가 간의 조약 관계가 시작되었다고 보았지만, 조선 측은 이 조약을 그렇게 획기적 의미로 받아들였던 것은 아니어서 단지 종래의 교린 관계를 다시 정의한 것 정도로 인식하고 있었다.

하와이 국왕의 청조 방문

하와이는 북태평양의 폴리네시아 북단에 있다. 18세기 후반에는 유럽인이 가끔 내항하여 교역을 시작했다. 유럽인과 교역을 통해 입수한 무기를 이용하여 1810년에 하와이를 통일한 인물이 가메하메하(Kamehameha) 1세이다. 이즈음 유럽인이 선호한 하와이산 백단(白檀)을 교역함으로써 왕권의 경제적 기반이 되었다. 백단은 특히 중국에서 수요가 많았는데, 의례 때 사용하는 선향(線香)과 향내 나는 부채를 만드는 데 사용되었다. 1830년 무렵 하와이의 백단은 품절되었지만, 지금도 중국어로 호놀룰루를 '단향산'(檀香山)이라고 부르는 것은 백단 교역에서 유래한다. 19세기 중반에는 사

칼라카우아 왕 하와이의 자립을 위해 애썼지만 뜻을 이루지 못하고 병사했다(Ralph S. Kuykendall, *The Hawaiian Kingdom*, vol. 3).

탕수수를 비롯한 플랜테이션 경영이 시작되어 화교도 노동자로 진출하게 되었다. 이 과정에서 점차 하와이는 미국의 경제적 종속을 크게 받게 된다.

그러던 중 하와이 국왕에 오른 칼라카우아(Kalakaua)가 왕국을 재건하려는 뜻을 품고 1881년 세계 일주에 나섰다. 그는 일본을 거쳐 청조를 방문했다. 상하이에서 톈진에 도착한 칼라카우아는 이홍장의 막료로서 윤선초상국에서 근무하던 당정추(唐廷樞, 1832~1892)와 면담할 기회가 있었다. 당정추에 따르면, 칼라카우아는 유럽인의 위협에 대항하기 위해 아시아의 연대가 소중하다고 설파했다. 이어서 이홍장을 독일의 비스마르크에 견주면서 청조가 이웃 나라들을 단결시켜 아시아의 발전을 이끌어야 한다고 했다. 그의 주장에는 자국 하와이를 포함한 아시아인이 단결하자는 일종의 아시아주의 논리가 담겨 있었다.

칼라카우아는 이홍장과도 회담하며 하와이의 국정에 대해서 설명했다. 이홍장은 칼라카우아 왕에게 일본의 대외 발전 움직임을 경계하라고 충고했다. 여기에서 일본의 류큐 처분에 대한 이홍장의 위기의식을 엿볼 수 있다. 그러나 칼라카우아 국왕도 그 사정을 알고 있었기 때문에 청일 양국이 대립을 뛰어넘어 단결해야만 한다고 진언한 것이다. 그는 청일 양국과 연대 속에서 하와이 왕권의 존속 가능성을 모색했다. 일본에 불신감을 드러낸 이홍장도 칼라카우아 국왕이 청일 대립 상황에서 중재에 나선 것을 이해하고 왕의 됨됨이를 평가하는 말을 남겼다(《李鴻章全集》 33冊, 17~19쪽).

그러나 칼라카우아 국왕의 꿈은 허무하게 물거품이 되고 말았다. 그가 죽은 뒤 즉위한 여동생 릴리우오칼라니(Liliuokalani) 대에서 가메하메하 왕조는 권력을 잃고 1898년 미국에 병합되고 만다.

2. 러시아의 진출과 무슬림 반란

러시아와
청조의 조약

러시아와 청조의 공식 관계는 캬흐타조약(1727)의 틀 속에서 캬흐타를 경유하는 육상무역이 이루어지고 있었다. 아편전쟁 후 영국 등이 상하이를 비롯한 5개 항구를 이용하여 해상무역을 전개하자 러시아도 참여하고 싶다는 의사를 표명했다. 하지만 청조는 이를 허락하지 않았다.

러시아는 중앙아시아 쪽에서 착실히 세력을 확대하고 있었다. 청조에 인접한 카자흐스탄과 코칸트 모두 19세기 중엽 러시아의 영향 아래 놓이게 되었다. 그때까지 카자흐스탄과 코칸트 상인은 카스(카슈가르), 일리(쿨자), 타르바가타이(추구차크) 같은 도시를 통해서 동투르키스탄 일대에 들어와 교역을 하고 있었는데, 러시아 상인도 이들 중앙아시아계 상인 틈에 섞여 있었다.

러시아는 중앙아시아에서 확대되고 있던 자기 세력을 발판으로 이 지역의 교역 질서에 새로운 제도를 만들어 갈 필요가 있었다. 러시아의 요청에 따라 1851년 청조는 일리 장군 혁산(奕山, ?~1878)에게 명하여 러시아와 일리통상조약을 체결했다. 러시아는 일리와 다르바가타이에서 비관세 자유 교역이나 영사재판권 같은 특권을 획득했다. 이것은 청조가 캬흐타조약에서 인정하던 권리를 중앙아시아 방면의 통상에도 확대했다는 의미가 있다. 또한 아편전쟁 후 영국 등과 체결한 조약과 동일한 내용의 무역을 승인하여 분쟁을 방지하려는 의도가 담겨 있었다.

한편 동쪽 국경을 확정하는 문제도 새로운 과제로 떠올랐다. 1847년 동시베리아 총독에 임명된 무라비요프 아무르스키(Muravyov-Amursky, 1809~1881)가 활발하게 헤이룽 강(黑龍江, 아무르 강) 진출을 꾀했다. 이러한 정세 속에서 청조 측의 혁산과 무라비요프 사이에 1858년 아이훈조약(愛琿條約)이 체결되었다. 이 조약에서 헤이룽 강의 좌안(左岸, 북측)을 러시아령으로 하고, 헤이룽 강의 지류인 우수리 강과 바다 사이를 양국의 공유지로 정했다.

그 무렵 예프피미 푸탸틴(Yevfimy Putyatin, 1803~1883) 제독이 이끌던 러시아 해군은 해상에서 청조를 압박했다. 푸탸틴은 일본에 내항해서 러일화친조약(1855)을 체결한 인물이다. 푸탸틴은 제2차 아편전쟁으로 청조가 곤경에 빠져 있을 때 영국과 프랑스의 움직임에 편승하여 톈진조약을 체결했다. 이렇게 해서 러시아인은 비로소 청조와 해상 교역을 하게 되었다. 게다가 1860년에 영국-프랑스 연합군이 베이징에 이르렀을 때 러시아가 쌍방을 중재하면서 청조와 체결한 베이징조약으로 우수리 강 동쪽 지역(연해주)은 러시아령이 되었다.

이렇듯 제2차 아편전쟁 시기에 러시아에게 매우 유리한 형태로 동쪽 국경의 경계가 확정되었다. 네르친스크조약과 캬흐타조약은 폐기되고 청조 측에서는 이번원(理藩院, 청조 중앙 관청의 하나. 몽골, 티베트, 칭하이, 신장 등 번부藩部에 관한 행정 사무를 관장했다. 초기에는 러시아와 외교 업무도 여기에서 이루어졌다 ― 옮긴이)을 대신해 총리아문(1861년 신설)이 러시아와 교섭을 담당하게 되었다.

회족의 봉기 　1862년 태평천국 일파가 산시 성(陝西省)에 접근하자 긴장감이 높아졌다. 웨이허(渭河)에 인접한 화저우(華州)에서는 이미 한족과 회족이 대립하고 있었는데, 태평천국에 대해 자위 무장을 하면서 상호 불신이 더욱 깊어져 사소한 분쟁이 항쟁으로 발전했다. 회족이라면 모두 살해당할 것이라는 소문이 돌자 마침내 회족이 봉기했다. 거기에 태평천국군의 침입까지 더해지면서 산시 성은 대혼란에 빠졌다. 청조군이 진압 작전에 들어가자 산시 성의 회족은 간쑤 성으로 달아나 흩어졌다.

청조는 간쑤 성 각지로 세력을 확대해 나간 회족을 진압하는 데 애를 먹었다. 게다가 염군의 일부가 산시로 들어가자 산시에서는 다시 회족의 움직임이 활발해졌다. 청조는 좌종당을 산간(陝甘) 총독으로 임명하고 그가 이끌고 있던 상군에게 회족의 진압을 위임했다. 좌종당은 1868년부터 본격적으로 산시를 평정하고 이어서 간쑤에 군대를 보내 회족 마화룡(馬化龍)과 대치했다. 마화룡은 중앙아시아에서 전해진 새로운 종파인 자흐리야파(Jahriyya)의 지도자로서 링저우(靈州)의 진지바오(金積堡)를 거점으로 삼고 있었다. 자흐리야는 독특한 수행법에 따라 이슬람의 진리를 탐구하는 수피즘(신비주의)의 일파였다. 마화룡은 포위되어 투항한 뒤에 좌종당에게 처형되었다.

좌종당은 이슬람 중에서도 특히 새로운 종파를 몹시 경계하고 있었다. 왜냐하면 초자연적인 기적을 보임으로써 회족의 종교 감정을 크게 자극하는 경향이 있다고 생각했기 때문이다. 진지바오 함락 이후 체포된

러시아

카흐타

호브드

타르바가타이   올리아스타이   후레

일리   우루무치   몽골

쿠처

카스   신장

호탄   간 쑤   쑤저우

닝샤   산시(山西)

칭하이   시닝   산시(陝西)   평량

영국령 인도   란저우   시안

티베트

쓰 촨

19세기 말의 서북 지역

자들의 진술에 따르면, 마화룡은 예지능력이 있어 멀리서 손님이 찾아올 때 몇 명인지를 사전에 알아맞히거나 병을 치료하고 자식을 점지하는 등 신묘한 능력을 지니고 있었다고 한다(《左文襄公全集》奏稿 38, 63~64쪽). 이런 일은 이슬람 성자가 종종 드러내는 기적이었지만, 좌종당은 이러한 종교 지도자 아래 회족이 단결하고 저항하는 움직임에 위협을 느꼈을 것이다.

다음으로 좌종당은 허저우(河州, 오늘날의 린샤臨夏)의 마고오(馬古鼇)와 싸웠다. 마고오는 싸라족(撒拉族, 칭하이 성 동부에 거주하는 소수민족─옮긴이) 사람들을 연합해서 청군을 격파한 후에 청조에 투항했다. 마고오는 이슬람의 새로운 종파와 대립하는 구파에 속해 있던 것이 귀순의 배경이 되었던 것 같다. 좌종당도 마고오와 사투를 벌이는 것보다 투항

시닝의 모스크 오늘날 시닝은 칭하이 성에 속하고, 회족을 비롯한 이슬람 신도가 많은 도시이다 (2004년 지은이 촬영).

을 받아들여 장차 회군을 진압하는 데 이용하는 편이 좋겠다고 생각했다. 여하튼 마고오의 병력은 그대로 존속하여, 뒷날 민국 시기에 허저우에서 회족 군사 집단이 잇따라 등장하는 배경이 되었다.

이어서 좌종당의 휘하에서 류금당(劉錦棠)이 거느리는 상군이 시닝(西寧)과 쑤저우(肅州)를 진압하여, 1873년에는 간쑤 성을 거의 회복했다. 회족의 봉기는 한족과의 대립에 따른 자기방어의 의미가 강했기 때문에 반드시 청조와 대립한다고 볼 수는 없었다. 마고오뿐 아니라 마화룽도 몇 차례나 청조에 투항하려고 했을 정도이다. 또한 회족의 봉기는 여러 지도자가 각각 이끌고 있었기 때문에 좌종당에 의해 각개격파되었을 뿐 아니라 마고오처럼 투항하여 좌종당을 따르는 자도 있었다.

좌종당은 진압한 회족의 처우 문제를 놓고 고심했다. 그중 산시에서 간쑤로 넘어 들어온 회족은 간쑤 성의 핑량(平涼) 등에 강제로 이주시켰다. 또한 한족과 회족을 분리하는 방침에 따라 회족이 성내에 거주하는 것을 금지했다.

중앙아시아의 동란 1864년 신장에 있는 톈산남로(天山南路) 오아시스에서 청조에 맞서 반란이 일어났다. 그 중심이 된 쿠처(庫車, 오늘날 신장웨이우얼 자치구에 있는 오아시스 지대—옮긴이)의 호자(Khoja, 중앙아시아 이슬람 수피즘 나크쉬반디 교단의 지도자 아마드 칸사니의 자손을 일컫는 칭호. 17세기에서 19세기에 걸쳐 이 지역의 정치에 커다란 영향력을 끼쳤다—옮긴이) 가문은 오아시스 도시 몇 곳으로 세력을 확대했다. 이에 대해 1865년 코칸트한국에서 파견된 장군 야쿠브 벡(Yakub Beg, 1820~1877)은 신장의 카스에 들어가 동쪽으로 오아시스 도시를 정복해 나갔다. 쿠처의 호자 가문까지 제압하여 지배 영역을 확대한 야쿠브 벡은 자립적인 정권을 세웠다.

그 무렵 본국 코칸트가 러시아의 남하 정책에 의해 무너진 것도 야쿠브 벡이 정복 활동을 전개하는 배경이 되었다. 야쿠브 벡 정권의 중추가 된 것은 톈산산맥 부근 오아시스 도시의 사람들이 아니라 코칸트한국에서 온 사람들이었다. 야쿠브 벡은 이슬람 율법을 엄격하게 지키려고 했다.

그는 국제 관계에도 관심을 기울였다. 오스만왕조에 사절을 파견하여 '아미르'(Amir, 군주) 칭호를 하사받았을 뿐 아니라, 영국령 인도 정청 및 러시아와 통상협정을 체결했다. 중앙아시아로 세력을 확대하던 러시아가 남쪽으로 계속 내려오자 영국은 인도를 거점으로 삼아 남하를 저지하려고 했다. 야쿠브 벡은 이런 정세 속에서 정권 유지를 꾀하고 있었던 것이다.

그러나 좌종당의 군대는 야쿠브 벡 군대를 격파하고 서쪽으로 진군했다. 1877년 영국이 청조와 야쿠브 벡 사이에 중재자로 나섰다. 야쿠브 벡 정권을 청조의 보호국으로 하고 카스 등의 지배를 인정함으로써 전화(戰火)를 수습하면 어떻겠는지 제안을 했다. 영국은 야쿠브 벡 정권을 인도와 러시아의 완충국으로 삼고자 했다. 공사로 영국에 파견되어 있던 곽숭도(郭崇燾)는 영국 정부의 권유를 받고 그 제안을 받아들일 것을 조정에 상주했다(《淸季外交史料》 卷11, 1~5쪽). 하지만 얼마 지나지 않아 야쿠브 벡이 사망하고 말았다.

좌종당은 영국의 중재와 곽숭도의 주장에 반발했다. 좌종당은 카스는 "한대(漢代)부터 중화에 복속된 우리 고유의 땅인데, 영국이 완충국으로 삼고자 해서 중국에게 할양을 요구하는 것은 도리에 맞지 않는다"고 했다(《左文襄公全集》 奏稿 51, 17~20쪽).

야쿠브 벡이 사망한 뒤 그 정권은 곧 와해되었다. 좌종당은 1878년 신장의 대부분을 다시 정복했다. 오아시스의 주민도 더 이상 외부에서 온 야쿠브 벡 정권을 열렬히 지지하지 않았다. 무슬림 주민은 이교도에 의한 지배도 신의 섭리로 받아들이는 등 복잡한 정체성을 안고 청조의 정치 체제 속에 살아가게 되었다.

이렇게 해서 청조는 무슬림 정권을 소멸시키고 러시아와 함께 중앙아시아를 분할하게 되었다. 이는 좌종당의 군사작전에 힘입은 바가 컸지만, 군비를 지탱한 것은 청조가 연해부에서 외국무역을 통해 거두어들인 관세 수입이었다.

러시아의 일리 점령과 반환 문제

일리(伊犁) 지방은 러시아가 점령하고 있었기 때문에 좌종당이 정복하지 못했다. 이곳은 서쪽으로 흐르는 일리 강 유역의 분지로 풍부한 수량을 자랑하는 농업지대이다. 일찍이 중가르의 거점이기도 했는데, 청조는 이곳을 정복하고 중앙아시아 지배를 총괄하는 일리 장군을 임명하고 다양한 사람들을 이주시켰다. 예를 들면 농업 노동력으로서 투르크계 언어를 사용하는 무슬림을 톈산산맥 남쪽 오아시스 지역에서 이동시키고, 만주어에 가까운 언어를 사용하는 시베족(錫伯族) 병사를 일리 강 남쪽에 주둔시켰다. 청조에서 일리는 홍량길과 임칙서 등이 한때 이곳에 유배된 적이 있는 지역이었다. 일리 강 북쪽에 있는 쿨자 거리는 1851년 일리통상조약 이후 러시아와 청조의 교역 거점으로 점차 번창했다.

그런데 1864년 신장에서 일어난 반란은 일리에도 영향을 미쳤다. 반란 세력이 일리를 점령함에 따라 러시아와의 교역에 지장이 발생한 것이다. 이에 1871년 러시아는 일리 지방을 점령했다. 청조는 항의했지만 산시(陝西)에서 신장에 걸쳐 전란의 와중에 있었기 때문에 어떻게 할 수 없었다.

좌종당에 의해 톈산남로와 북로의 오아시스 도시가 다시 청조의 지배 아래로 들어간 후, 1879년 청조는 숭후(崇厚, 1826~1893)를 러시아에 파견하여 교섭하게 했다. 그 결과 크림반도 얄타 근처에 있는 러시아 황제의 피서지에서 조약이 체결되었다.

이 조약은 그 지명을 따서 리바디아조약이라고 부른다. 이 조약에는 일리 반환의 대가로 광대한 영토를 러시아에 할양하는 등 청조에 매우 불리한 조항이 포함되어 있었다. 숭후는 본국과 연락도 제대로 취하지 않은 채 조인하고 말았다.

이것은 청조 국내에 커다란 문제를 불러일으켰다. 숭후를 비판하고 러시아와 전쟁을 벌이자고 주장하는 의견도 나왔다. 이를테면 베이징의 엘리트 관료 장지동(張之洞)은 일리를 회복한다 해도 별 의미는 없지만, 그 대신 러시아 상인이 내지에 들어와 통상하는 것을 인정한 조치는 러시아의 세력 신장을 승인하는 것이라고 지적했다. "러시아의 요구는 탐

욕과 횡포가 그지없으며, 그것을 승인한 숭후의 과오와 어리석음은 말로 다할 수 없습니다. 지금이야말로 숭후를 처벌하고 러시아와 일전을 각오해야 할 것입니다"(《張文襄公全集》卷2, 3쪽)라고 했다.

이러한 상황에서 조정은 숭후에게 사형을 언도했다. 한때 일촉즉발의 긴장감이 감돌았지만, 영국과 프랑스의 중재도 있어서 일단 숭후의 사형은 철회되고 증기택(曾紀澤)이 러시아에 가서 다시 교섭하게 되었다. 증기택은 증국번의 아들이다.

이렇게 해서 1881년에 체결된 것이 상트페테르부르크조약이다. 교섭 과정에서 증기택은 전보로 베이징과 연락을 취하며 신중하게 임했다. 이 조약으로 일리 반환이 최종적으로 결정되었을 뿐 아니라 청조에 불리한 내용이 상당히 줄어들었다.

신장 성의 성립　　좌종당이 신장(新疆)을 정복하기까지 실은 이런저런 우여곡절이 있었다. 1873년 간쑤를 평정한 뒤에 기세를 몰아 신장으로 군사를 진격시키려고 했으나, 1874년 일본이 타이완 남부를 침략하는 사건이 발생했다. 일본의 움직임은 청조에 커다란 충격을 주어 해안 방어를 강화할 필요가 있다는 의견이 지배적이었다.

이홍장은 특히 대담한 주장을 펼쳐, 신장은 러시아와 영국의 진출이 격렬해 방비가 쉽지 않으므로 신장을 포기해야 한다고 했다. 이 의견에 대하여 러시아의 위협을 강조하며 신장에 군사를 파견해야 한다는 반론이 제기되었다. 이 논의의 배경에는 군비에 들어가는 지출을 신장 정복에 사용할 것인지, 아니면 해안 방어에 사용할 것인지를 둘러싼 재정 분배 문제가 있었다. 결국 조정은 좌종당에게 신장을 정복하도록 했다.

좌종당은 다시 지배하게 된 신장에 다른 성과 마찬가지로 행정기구를 설치할 것을 제안했다. 그것은 행정의 말단에 현을 두어 지방관을 파견하는 체제를 의미했다. 좌종당은 일리 반환 교섭 시기에 전근 명령을 받았다.

이 일을 계승한 인물은 좌종당 휘하에서 상군을 거느리고 있던 류금당(劉錦棠)이다. 1884년 마침내 신장 성이 성립했다. 류금당은 순무(巡撫)로 부임해 디화(迪化, 우루무치)에 주재하게 되었다. 새로운 체제는 현의 관아를 세우고 문관을 임명하는 것과 함께 재정을 다른 성에 의존하면서 곳곳에 군대를 배치하는 것이었다. 주민 대책으로는 의숙(義塾)을 열어 한족의 언어를 가르쳤다.

1881년 상트페테르부르크조약 제12조에는 러시아 국적인 자가 일리, 다르바가타이, 카스, 우루무치 등에서 교역을 할 시에는 세금을 면제해 준다는 규정이 담겨 있다. 이리하여 신장에는 타타르인을 비롯하여 러시아 국적을 지닌 무슬림 상인이 많이 몰려들었다. 20세기 초 이들 타타르 상인의 넓은 교류권을 통해 자디드(jadid) 운동, 즉 새로운 방식의 학교 교육을 통해 근대적 지식을 지닌 무슬림을 육성하려는 이슬람 개혁 운동이 신장에 전해져 민족의식을 배양하게 된다.

3. 해외 이민

마리아루스호 1872년 7월 9일 밤 9시경 요코하마 항에 범선 한 척이 입항했다. 라틴아메리카 페루 선박 마리아루스호(María Luz)이다. 요코하마 당국은 전염병을 우려해 일단 상륙하지 못하도록 지시했다. 다음 날 현장 조사에서 이 선박은 5월 28일 마카오를 출항해 페루의 카야오 항으로 항해하는 도중 돛대가 파손되어 수리하려고 요코하마에 들렀다는 사실이 밝혀졌다. 승객 231명은 모두 중국인이라고 보고되었고, 요코하마 당국은 선원을 포함해 환자가 없는 것을 확인했다. 일본은 페루와 조약을 체결하지 않았지만, 일정한 절차를 거친 후 가나가와 현청은 마리아루스호의 정박과 수리를 허락했다(《大日本外交文書》5卷, 412~413쪽).

그런데 7월 14일 밤, 요코하마에 정박해 있던 영국 군함이 바다에 떠 있는 한 남자를 발견하여 구조해 보니 마리아루스호에서 탈출해 헤엄쳐 왔다고 했다. 이 사실을 영국 공사관으로부터 전해 받은 일본 정부는 조사를 벌여 이 선박의 승객이 학대를 당했다는 사실을 알아냈다. 외무경(외무대신) 소에지마 다네오미는 이 사건을 엄중하게 처리했다.

마리아루스호는 쿨리 무역에 관계하고 있었다. 쿨리란 주로 힘든 육체노동에 종사하는 중국인을 가리킨다. 인도에서 어원이 유래하는 이 말은 한자로 '고력'(苦力)이라고 쓴다. 마리아루스호의 경우도 그렇지만, 쿨리는 자유의지가 아니라 사기나 유괴당해 배를 탄 이들이 많았는데, 승객들이 선장에게 반항했기에 폭력적인 억압도 일어나기 십상이었다.

일본 정부는 마리아루스호의 출항을 막고 중국인 승객 전원을 하선시켰다. 이에 마리아루스호 선장의 불복 신청이 있어 가나가와 현이 심리를 진행했지만 선장은 패소하고 귀국했다. 이 사건은 일본과 페루 정부 사이에 외교 분쟁을 낳았다. 양국 간의 분쟁 해결을 위해 러시아의 알렉산드르 2세가 중재재판을 열어 일본 측의 조치가 정당했다는 판결을 내렸다.

그런데 마리아루스호의 승객이었던 중국인의 행방은 어떻게 되었을까? 소에지마 다네오미가 상하이에 주재하는 부하 직원을 통해 청조 측에 연락을 취하자 량장(兩江) 총독이 자신의 막료를 일본에 파견했다. 이리하여 중국인 승객은 상하이로 돌아가게 되었다. 일본 정부의 조치는 이듬해 소에지마 다네오미의 청조 방문 일정을 순조롭게 하는 데 기여했을 것이다. 소에지마가 톈진에서 이홍장을 만났을 때 이홍장은 마리아루스호 문제 선처에 대해 사의를 표명했다고 한다.

이민의 새 시대 중국 대륙에서 바다를 건너 이동하는 사람들의 흐름에는 오랜 역사가 있다. 18세기 필리핀, 자바, 동남아시아 대륙 등으로 전개된 이민은 통계 수치를 파악할 수는 없지만, 상당한 규모에 달했을 것이다. 청조 정부는 해외 이민을 달가워하지 않았지만 그렇다고 엄격하게 금지하지는 않았다. 동남아시아의 주요 항구도시에는 푸젠이나 광둥 출신 중국인이 거주하고 있었다.

물론 19세기 중엽 더욱 활발해진 사람들의 이동은 이러한 경위를 바탕으로 이해할 수 있다. 그러나 이 시대만의 특이한 배경에도 관심을 기울일 필요가 있다. 이 무렵 세계적으로 노동력의 수요 면에서 커다란 변동이 일어나고 있었다. 예를 들면 미국과 캐나다 등 태평양 연안의 발전, 동남아시아의 식민지화 진행에 따른 경제개발 등으로 많은 노동력이 필요하게 된 것이다.

무엇보다 1848년 캘리포니아 금광 발견은 중국의 이민을 촉진하는 계기가 되었다. 캘리포니아는 골드러시를 통해 다양한 사람들이 몰려들면서 급속하게 발전하고 있었다. 광둥 사람들도 일확천금을 위해 몰려들었다. 광둥이라고 해도 지역에 따라 방언의 차이가 매우 컸기 때문에 이민자들은 출신지 별로 동향(同鄕) 회관을 만들었다. 동향 출신이라는 연대감은 새로운 이민자를 불러들여, 특정 장소의 이민은 특정 지역 출신자가 다수를 차지하는 현상을 보였다. 캘리포니아에서는, 부유한 주장 강 델타 중심부인 산이(三邑) 출신자가 숫자는 적었지만 수입품 판매 등에 종사하면서 경제적 우위를 차지하고 있었다. 이에 비해 주장 강 델타 서부 지역인 쓰이(四邑) 출신 이민자가 다수를 차지했다. 흥미로운 점은 미국의 대륙횡단철도 건설에도 이들 광둥 출신 이민자가 꽤 많이 투입되었다는 점이다.

샌프란시스코 차이나타운의 동향 회관은 돈을 꾸거나 빌려 주는 일을 보증한다는 점에서 중요한 의미가 있었다. 가령 귀국할 경우에는 모든 빚을 변제했다는 증명서를 동향 회관에서 발급받아야만 했다. 이는 이동이 잦은 사회에서 동향 회관이 금전적 신용을 보증하는 역할을 하고 있

밀려드는 중국인 이민을 풍자하는 그림
뉴욕에 자유의 여신상이 있다면 샌프란시
스코에는 변발을 한 채 아편 담뱃대를 들
고 있는 중국인 상을 만드는 것은 어떨까
《美國早期漫畵中的華人》.

었음을 의미한다. 당연히 동향 회관은 고향과 연락이 닿았기 때문에 채
무자는 쉽사리 도망갈 수도 없었다. 그래서 채무자에게 비교적 안심하고
돈을 빌려 줄 수 있었다.

 미국에서는 남북전쟁이 끝나고 누가 사회의 정당한 구성원이 되어야
하는지가 문제로 떠올랐다. 유럽에서 온 이민자 가운데 가톨릭계 아일랜
드인 등 비교적 하층에 있는 사람들은 자신들이 '백인'이라는 점을 강조
했다. 따라서 '백인'도 아니고 선거권도 없는 중국계 이민은 배척 대상이
되었다. 실제로 1877년에 결성된 캘리포니아 노동자당(WPC, 가톨릭계
아일랜드인 이민자들을 중심으로 결성된 정당—옮긴이)은 중국계 이주민에
대한 배척 운동을 격렬하게 전개했다. 중국계 이주민이 차이나타운에 제
한적으로 거주하면서 생활을 하게 된 것도 이러한 상황과 무관하지 않
을 것이다.

쿨리 무역　인도주의적 비판에 따라 서양 국가에서 노예제도가 폐기된 일은 19세기 국제적인 노동력 수급에 커다란 영향을 주었다. 자유주의 여론의 영향으로 영국은 1807년에 노예무역을 금지하고 1833년에는 노예제도 자체를 폐지했다. 프랑스와 네덜란드도 뒤를 이었다.

그런데 노예해방은 카리브 해와 신대륙의 노동력 부족 현상을 불러왔다. 따라서 부족한 노동력을 충당하기 위해 중국 대륙에서 쿨리 무역이 성행하였는데, 쿠바와 페루의 쿨리 무역은 심한 학대로 유명했다.

프랑스혁명과 관계를 맺으면서 전개된 아이티혁명은 흑인 노예해방의 선구가 되었지만, 아이티뿐 아니라 영국령 자메이카 등에서도 노예해방에 따른 노동력 부족으로 사탕수수 생산이 눈에 띄게 쇠퇴했다. 그런가 하면 에스파냐령 쿠바에서는 1886년까지 노예제를 유지함으로써 사탕수수 생산을 비약적으로 늘려 갔다. 그런데 노예무역이 제한되거나 금지되어 가는 흐름 속에서 쿠바 제당업은 심각한 노동력 부족에 직면하게 되어 중국인 쿨리의 도입이 절실해졌다.

페루에는 본디 아프리카계 사람들이 많지 않았다. 독립한 페루공화국의 대농장에서는 면화·사탕수수 생산과 구아노(guano, 조류의 배설물이 퇴적된 것으로 고급 비료로 사용됨) 채집, 철도 건설 등 힘든 노동에 종사할 사람들이 절실히 필요했다. 그래서 주목하게 된 것이 중국인 쿨리였다.

쿨리 무역은 1840년대 중엽에 시작되어 1860년대까지 활발하게 진행되었다. 쿨리 무역의 항로는 대개 마카오를 출발하여 인도양에서 아프리카 남단을 거쳐 대서양을 북상해서 쿠바에 도착하거나, 태평양을 가로질러 페루의 카야오 항에 도달하는 것이었다. 우연히 요코하마에 잠시 들르게 된 마리아루스호는 태평양 항로로 운행하던 중이었다.

쿨리 무역은 일정한 기한을 정해서 그 기간 동안 이주지에서 지시받은 노동에 종사한다는 연한 계약을 체결하고 있었다. 그러나 거기에는 온갖 문제가 있었다. 우선 속임수에 넘어가 배를 타거나 유괴당해 쿨리가 되는 사례가 무척 많았다. 게다가 열대 지역을 횡단하여 항해하는 가운데 열악한 위생 환경과 부실한 식사 탓에 선상에서 병사하거나 자살하는 경우도 잦았다. 때로는 쿨리들이 반란을 일으킨 사례도 있다. 특히 쿠바와 페루에서는 혹독한 조건 아래에서 사역당하는 일이 보통이었다.

화교에 대한 관심 청조도 쿨리 문제에 대해 인식하고 있었다. 그러나 쿨리 무역은 외국인이 관여하고 있었기 때문에 효과적인 성과를 거두기 위해서는 외국 정부의 협력이 무엇보다 필요했다. 영국이 1855년 제정한 중국인 선객법(船客法)은 최초의 단속 규칙이다. 이 법률에 따르면 당국이 선박의 장비를 검사하고 이민이 자발적인지 아닌지를 확인하지 않으면 홍콩이나 중국의 모든 항구에서 출항을 허락하지 않도록 되어 있었다. 하지만 단속을 피할 수 있는 여지가 많았고, 특히 포르투갈이 통치하는 마카오는 쿨리 무역의 거점으로 번창했다.

1866년 총리아문은 영국·프랑스와 교섭을 벌인 끝에 중국인을 해외로 이주시키는 것에 대한 규정을 만들었다. 지방관의 검사를 통과하지 않으면 노동자의 출국을 인정하지 않는다는 것이다. 이 규정은 조인에 이르렀지만 영국과 프랑스 정부의 비준을 얻지는 못했다. 게다가 에스파냐와 포르투갈은 적용 대상에서 제외되었다. 여하튼 청조 중앙정부도 쿨리 문제를 심각하게 받아들여 관리하고자 한 것이다.

1869년 베이징의 총리아문은 페루에서 온 탄원서를 미국 공사를 통해 전해 받았다. 페루의 수도 리마에 거주하는 중국인이 자신들이 처한 혹독한 현실을 호소한 이 탄원소는 리마에 주재하는 미국 공사가 전송한 것이다. 이에 청조 정부는 쿨리 무역의 통제를 추진하기 위해 노력을 기울였다.

그러던 중 마리아루스호 사건(1872)이 발생했고 페루는 재판을 위해 일본에 사절을 파견했다. 그리고 이 사절에게 청조와 조약을 체결하라는 중대한 임무까지 부여했다. 1874년 청조는, 페루 이민은 자유의지에 따른 이민만을 허가한다는 내용이 포함된 조약을 체결했다. 쿠바에 대해서도, 1877년 청조와 에스파냐 사이에 합의가 이루어져 중국인 노동자에 대해서 자유이민을 조건으로 현지에서 권리를 보호한다는 협정을 체결했다.

1874년 청조는 쿠바에 진란빈(陳蘭彬), 페루에 용굉(容閎)을 파견하여 현지 실태 조사를 했다. 이 조치는 해외에서 자국 이주민에 대해 청조가 취한 적극적인 시책으로서 주목할 만하다. 두 사람 모두 매우 구체적인 탐문 조사를 벌여 기록한 생생한 증언은 오늘날까지 전하고 있다.

이듬해인 1875년 진란빈이 초대 주미 공사, 용굉이 부사로 임명되었다. 주미 공사의 직책은 주에스파냐 공사와 주페루 공사도 겸하고 있었다. 이는 에스파냐령 쿠바와 페루에서 화인(華人)을 보호하겠다는 의도로 단행된 인사 조치이다. 워싱턴에 실제로 공사관이 설치된 것은 1878년이며 이듬해에는 쿠바 총영사관도 개설되었다.

화인에 대한 배척이 강한 샌프란시스코에 총영사로 부임한 인물은 황쭌셴(黃遵憲, 1848~1905, 재임 1882~1885)이다. 앞서 그는 주일 공사의 수행원으로 도쿄에 체재하면서 수신사로 일본에 온 김홍집에게《조선책략》(朝鮮策略)을 전해 주는 등 중요한 역할을 했다. 황쭌셴은 샌프란시스코에서 화인 사회를 보호하고 통제했으며, 특히 현지 동향 단체를 연결하는 중화회관이라는 조직을 만드는 데 힘을 기울였다. 출신지에 따라 나뉘진 단체의 분열과 다툼을 해소하고 단결을 통해 험난한 현실을 헤쳐 나가기 위한 것이었다. 또한 청조에서 파견된 영사는 이 중화회관을 통해 현지 화교 사회에 영향력을 끼칠 수 있게 되었다.

동남아시아 이민　중국 대륙에서 동남아시아로 건너간 이주민은 18세기에 이미 상당수에 달했지만, 19세기 후반 이후가 되면 더욱 급증했다. 그 배경에는 무엇보다 동남아시아 곳곳에 경제개발로 인해 많은 노동력이 필요하게 된 사정이 있었다. 그리고 홍콩이라는 중계지가 등장하고 증기선 도입에 따른 이동의 편리함이라는 새로운 조건이 특히 푸젠 성과 광둥 성에서 동남아시아로 인구 이동(돈을 번 이후 귀향)을 촉진시켰던 것이다.

동남아시아 방면으로 진출하는 돈벌이 이민은 쿨리 무역과는 달리 서양인이 관여하지 않은 채 진행되었다. 이민 중계는 '객두'(客頭)라는 업자가 담당했다. 비교적 이른 시기에 해외로 나간 화교인 '객두'는 자신의 향리에서 이주민을 모집해 화남(華南)의 여러 항구에서 싱가포르로 향하는 기선에 태웠다. 새로 온 이민자는 적당한 일을 소개받아 노동을 했는데, 일자리도 대체로 동향이라는 연결고리를 통해 조직되어 있었다.

이러한 이민 방식은 해외에 돈을 벌러 나가려는 이들에게 일자리에 대한 확실한 정보를 제공해 주고 납치나 학대 같은 위험을 피할 수 있어 안심할 수 있는 측면이 있었다. 이주민은 도항 비용 따위를 빌려 배를 타는 일이 많았는데, 비용을 빌려 주는 쪽도 동향 사회 내에서는 떼일 염려

화교가 경영하는 말레이시아의 장례용품점
종이로 만든 모형 집과 선풍기, 자동차 등을
태워서 조상에게 보낸다. 명계(冥界, 내세)에
서 쓴다는 지폐도 보인다. 예전에 명계의 물
품은 주석을 입혀서 만들었으나 요즘은 종이
제품이 많다(2003년 지은이 촬영).

가 적었기에 신뢰할 수 있었다.

19세기 후반 화교가 몰려든 곳 가운데 특히 주목할 만한 곳은 말레이
반도의 주석 채굴장이다. 주석은 주로 양철을 만들 때 철판의 표면에 입
히는 도금 원료이다. 당시 양철은 통조림 통으로 많이 사용되었기 때문
에 주석의 수요는 늘어만 갔다. 주석 광산은 화교가 경영하고 있었는데,
광산 경영자는 신규 이주민의 도항 비용을 대신 지불해 주고 노동력을
확보했다. 1880년대 말레이반도의 내륙까지 주석 개발 바람이 불자 노
동력 이동은 한층 더 활발해졌다. 어느 정도의 자본을 축적한 화교 가운
데 귀국을 원하지 않는 이들은 동남아시아 어딘가에 적당한 장소를 물
색해 상점을 열어 경영하는 경우도 생겨났다.

동남아시아 화교는 번 돈을 고향으로 송금했다. 송금 방식은 귀국자
가 현금을 갖고 돌아가는 경우도 있었지만, 신국(信局, 우편 업무도 겸했

다)이라고 하는 금융업자의 손을 거치는 일도 많았다. 신국은 동남아시아의 각 항과 중국 동남 연해부의 곳곳에 지점이나 대리점을 설치하고 있었는데, 송금할 때 영국계 은행을 이용하는 경우도 있었다.

이러한 화교의 송금 덕분에 화남 지역은 대외적으로 구매력이 높아졌다. 전국적으로 보면 청조의 수입초과(무역적자)는 화교의 송금으로 크게 상쇄되었다.

4장

청말의 경제와 사회

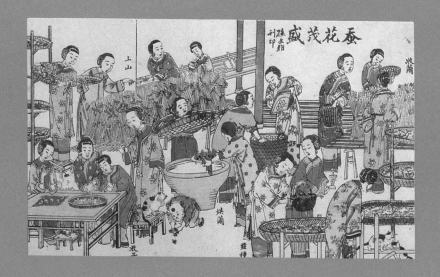

양잠 과정을 보여 주는 연화(年畵) 좋은 징조를 보여 주는 그림인 이 연화에는 생사(生絲) 생산이 잘되기를 바라는 마음이 담겨 있다. 성충인 누에나방(蠶蛾)에서 알을 채취해 부화시켜, 뽕잎을 먹여 키운 뒤에 누에고치를 따서 건조시킨다. 19세기 후반 강남에서는 해외시장의 생사 수요가 급증함에 따라 양잠업이 더욱더 번창해 갔다(《上海圖書館藏年畵精品》).

1. 경제 호황

태평천국으로 시작된 19세기 중엽의 전란은 수많은 사망자
를 냈다. 18세기부터 급속히 증가한 인구는 19세기에 들어
서 4억이 넘었지만, 19세기 중엽에는 정체 또는 감소 경향을 보였다. 전
란에 따른 사망자 수도 엄청났지만 생활 기반의 파괴에 따른 인구 감소
요인도 작용했을 것이다. 인구 감소가 어느 정도였는지는 정확한 통계를
얻을 수 없지만 지역에 따라 차이가 컸을 것이다.

여하튼 19세기 중엽의 인구 감소는 18세기의 인구 폭발에 따른 토지
와 자원 부족을 어느 정도 완화시켰을 가능성이 있다. 그리고 19세기 후
반 대외무역, 해외 이민 등 새로운 상황이 불러온 경제적 자극이 사람들
의 생계를 지탱해 주던 지역에서는 비교적 신속하게 인구가 회복되었다.

잠사 해외 수출품으로 가장 주목을 받은 것은 생사(生絲)이다. 청대 강
남 지역은 양잠이 번성했는데, 특히 누에고치를 먹일 뽕나무 재
배에 적합한 지역에서 질 좋은 생사가 생산되었다. 농민은 자기 집에서

누에고치 실을 뽑아 팔았는데, 그것이 난징, 쑤저우, 항저우 등에서 직조되는 고급 견직물의 원료가 되었다. 특히 타이후(太湖) 동남쪽에 있는 저장 성 후저우 부(湖州府)에서 생산되는 생사는 최고급으로 인정받아 18세기에 광저우를 통해 수출되어 나갔다.

이처럼 생사는 오래전부터 중국의 특산품이었지만 특히 19세기 후반에 들어서서 수요가 급격히 늘었다. 19세기 중엽 서양 견직물업의 중심은 프랑스였는데, 1860년대 유럽에 누에 전염병이 돌면서 중국산 생사가 프랑스에서 크게 환영받아 비싼 가격에 판매되었다. 그래서 강남의 고급 생사만이 아니라 다소 질이 떨어지는 생사도 판로를 확보할 수 있었다. 또한 광둥의 생사도 수출되었다. 프랑스 견직물업은 장인이 손수 짜는 부분이 많아 다양한 품질의 실을 정교하게 이용할 수 있었다.

그러나 1870년대가 되면 일본의 생사 수출도 늘어나고, 프랑스에서도 기계화를 추진하기 위해 질이 균등한 실이 필요해지게 되면서 중국의 생사 수출은 퇴조한다. 이러한 상황에서 기계 제사를 시작하려는 움직임이 생겨났다. 기계 제사는 누에를 삶아서 풀어 낸 실을, 동력을 사용해서 감기 때문에 품질이 일정한 생사를 만들어 낼 수 있었다. 1878년 외국 상사가 출자하여 상하이에 설립한 기창사창(旗昌絲廠)은 바로 이런 기계 제사업의 효시이다. 이 공장은 프랑스인 기사(技師) 폴 부뤼나(Paul Brunat)를 고용했는데, 그는 일본 군마 현(群馬県)에서 도미오카제사장(富岡製絲場)의 설비를 담당했던 인물이다.

초기 상하이 제사 공장의 제품은 동시대 일본의 생사보다 품질이 좋다는 평가를 받아 높은 가격에 팔렸다. 상하이 제사 공장의 문제점은 원료가 되는 누에를 사 모으는 것이었다. 그때까지 양잠 농민은 스스로 누에를 삶아 실을 뽑고 있었기 때문에 누에 사업은 발달하지 않았다. 그러나 우시(無錫) 부근 등 애초에는 그다지 성행하지 않았던 지역에서 양잠이 퍼지면서 누에를 취급하는 상인이 등장하게 되었다.

양잠의 본고장인 후저우(湖州)에서도 국제적인 동향을 파악하고 새로운 대응에 나섰다. 생사를 농민에게 사 모은 업자가 정식으로 가까운 지역 농민에게 재조(再繰, 고치에서 뽑아낸 실을 다시 얼레에 감는 공정)를 발주해서 품질을 향상시킨 뒤에 수출했다. 이 시기 후저우에서도 양잠과 생사의 집산지로 유명한 난쉰전(南潯鎭)에 관하여 서술한 사료에는 이런 기록이 나온다. "토지란 토지는 모두 뽕밭으로 변할 정도로 양잠을 하지 않는 집이 없었다, 한 달 일해서 잘만 벌면 한 해 생활비를 벌 수 있다"(民國刊,《南潯志》卷30에 인용된 溫鼎,《見聞偶錄》, 21쪽).

이렇듯 생사 가격의 변동은 양잠 농민의 삶을 크게 변화시켰는데, 이는 농민들이 새로운 경제적 기회에 적극적으로 대응한 사례라고 볼 수 있다.

차와 장뇌　아편전쟁 전부터 주요 수출품이던 차는 개항 후에 푸저우, 샤먼, 상하이를 통해 수출되었다. 차의 주요 산지가 이들 항구에 가까운 푸젠, 저장, 안후이 등이었기 때문이다.

한편, 후난(湖南)의 차는 본디 생산량은 많았지만 품질이 상대적으로 떨어진다는 평가를 받아 전차(磚茶, 차를 쪄서 눌러 굳힌 것)의 형태로 산시(陝西), 간쑤 및 몽골, 러시아 방면으로 판매되었다. 그러나 19세기 후반이 되어 후난 차는 영국에도 수출됨에 따라 차 재배가 확대되었다. 1861년에 개항한 한커우(漢口)의 주요 수출품은 후난 차였다. 이렇게 해서 후난의 산언저리가 차 재배지로 탈바꿈되면서 급속히 높은 경제적 가치를 지니게 되었다.

한편 영국도 자기 지배 영역에서 차를 생산하게 되었다. 1880년대 이후 실론(스리랑카)과 아삼(인도 동북부 지방)에서 수확한 차가 영국 시장에서 환영받게 되자 중국차의 판로는 퇴조하게 되었다.

타이완 북부는 지형과 기후 면에서 차 재배에 적합했지만 그다지 많이 재배되지는 않았다. 그런데 1860년대 이후 개항된 단수이(淡水) 항에서 샤먼을 경유하여 미국으로 차를 수출하면서, 북부 산지의 개발이 급속히 진행되었다. 또 타이완 특산품으로 세계적으로 주목을 받은 것이 장뇌(樟腦)이다. 장뇌란 녹나무에서 추출한 화학물질인데, 셀룰로이드나 방충제의 원료로 사용된다. 이 장뇌도 타이완 산지에서 채집되어 수출되었다.

차와 장뇌는 쌀과 설탕을 중심으로 하던 타이완 경제에 새로운 요소로 등장하면서 커다란 수익을 창출하였다. 이에 따라 타이완 북부는 인구와 경제활동의 중심지로 떠오르게 되었다.

미첼 보고서 아편전쟁 후 영국에서는 중국 시장에 대한 기대가 높아져 갔다. 영국의 공업 제품에 대한 거대한 수요를 기대하고 있었기 때문이다. 이것을 정면에서 비판한 것이 〈미첼 보고서〉이다. 작성자 미첼의 경력에 대해서는 알려진 바가 많지 않지만, 샤먼의 영국 영사관에서 근무했고 홍콩에서 사법 관련 직업에 종사했다고 한다. 이 보고서는 홍콩 총독 새뮤얼 본햄(Sir Samuel George Bonham)의 지시로 작성된 것으로 1852년의 날짜가 기입되어 있다. 그러나 이것이 영국 의회에 제출하는 참고 자료로 받아들여져 활자화된 것은 1859년이다. 이 보고서는 그해 카를 마르크스가 인용한 것으로 유명하다.

〈미첼 보고서〉는 영국 공업 제품의 중국 수출이 부진한 이유를 다음과 같이 설명하고 있다. 우선 노동을 하는 사람들은 두툼하고 질긴 의복을 입기 때문에 얇은 영국제 면포는 별로 필요가 없다는 것이다. 그리고 푸젠 성을 사례로 삼아 농촌 수공업이 뿌리 깊다고 설명하고 있다. 푸젠에서는 일반 농민도 사탕수수를 재배하여 상인에게 판매한다. 상인은 농민에게 그 대가로 현금을 지불하는 것이 아니라 면화를 가져다주겠다고 약속한다. 상인은 사탕수수를 배에 싣고 톈진 같은 북방 항구로 운반하여 면화를 손에 넣은 후에 다시 푸젠으로 돌아온다. 푸젠 농민은 겨울 농한기가 되면 남녀노소 할 것 없이 그 면화로 실을 잣고 질긴 면포를 만든다. 농민은 면포를 생활에 소비하고 남는 것은 가까운 장터에 내다 팔기도 한다.

잉여 노동력을 적절히 이용해 자신이 필요한 면포를 만드는 농촌 수공업은 거의 비용이 들지 않았기 때문에, 중국 농민이 일부러 영국 랭커셔에서 짠 면포를 구입할 까닭이 전혀 없다는 것이다.

〈미첼 보고서〉의 요점은 맨체스터 실업가들의 지나친 기대를 꺾기 위한 것이며, 작성된 지 몇 년이나 지난 후 제2차 아편전쟁에 관한 의회 문서에 수록된 것도 마찬가지 이유에서일 것이다. 이 보고서는 설득을 위해 작성된 것이지만, 중국 경제의 자기 완결적인 성격을 강조한 문서라고도 할 수 있다.

대부분의 중국 농민에게 영국의 공업 제품이 필요 없었다는 점과 중국 농가의 수공업이 잉여 노동력을 적절하게 이용한 것이라는 지적은 매우 타당하다고 할 수 있다. 하지만 농민이 그냥 보수적이었던 것만은 아니다. 19세기 후반 인도 봄베이(뭄바이)에서 방적업이 발전해 굵은 면사를 낮은 가격에 생산하게 되자, 중국에서도 면화를 재배하지 못하는 지역 농민은 인도산 면사를 입수하여 수제 면포를 생산하게 되었다. 〈미첼 보고서〉가 묘사하고 있는 것과는 다소 상이한 상황이 연출된 것이다.

은행과 상사　　1848년 캘리포니아에서 금광이 발견되어 골드러시가 일어나고, 이어서 1851년에는 오스트레일리아에서도 금광이 발견되었다. 이런 상황은 세계 금융에 커다란 영향을 끼치게 된다. 새롭게 산출된 금은 영국을 포함한 유럽으로 흘러들어 가서 화폐 유통량을 증가시키고 경기를 자극했다. 금으로 대체되면서 넘치게 된 은은 아시아 무역에 사용되었다.

　이러한 금융 호황을 배경으로 아시아를 주요 무대로 활동하는 영국계 은행이 잇따라 설립되었다. 오리엔탈은행, 차타드은행, 홍콩상하이은행(HSBC) 등이다. 이들 은행은 인도에서는 플랜테이션을 비롯한 농업 부문에 투자했지만, 중국에서는 무엇보다 무역 금융을 담당했다. 1860년대 이후에는 운수 관련 사업에 투자하거나 청조 정부에 차관을 제공했다.

　무역을 담당한 상사를 중국에서는 '양행'(洋行)이라고 했는데, 주로 상하이를 거점으로 하는 경우가 많았다. 영국계 덴트상회(Dent&Co, 중국명 寶順洋行)와 자딘매디슨상회(Jardine Matheson Holdings, 중국명 怡和洋行)는 본디 광저우의 아편 무역에서 출발했지만, 영국제 면사와 면포를 중국에 수출하고 차와 생사를 수입하는 등 점차 영업을 확대해 갔다. 그리고 무역 이외에도 경영 다각화를 꾀하고 있었다.

　이들 은행이나 상사의 경영자와 직원은 조계의 사회생활에도 중요한 역할을 했다. 또 중국인 직원은 때때로 매판(買辦)이라고 불리며 개항장

사회의 특징을 규정하는 사회계층을 형성했다.

매판 이름난 매판으로 광둥 성 샹산 현(香山縣) 출신의 당정추(唐廷樞, 1832~1892)가 있다. 샹산 현은 마카오에 가까이 있어 일찍부터 해외 교류가 활발한 곳이었다. 서윤(徐潤, 1838~1911), 정관응(鄭觀應) 같은 대표적인 매판도 샹산 현 출신이며, 쑨원(孫文)도 이곳 출신이다(뒷날 쑨원의 호인 중산中山을 따서 중산 현으로 개칭).

당정추는 홍콩에서 영국인 학교를 다니며 영어를 공부했다. 홍콩 정청(政廳)에서 근무한 뒤 청조의 해관 직원이 되어 상하이로 갔으나 곧 그만두고 상업의 길로 들어섰다. 그는 1863년 미국 남북전쟁의 영향으로 면화 가격이 급등할 무렵 면화 중매업을 했다. 이때 당정추는 유력한 영국계 상사 자딘매디슨상회의 매판이 되었다. 그는 출납이나 경리 외에도 중요한 수출품인 차와 생사를 구매하는 등 자딘매디슨상회의 활동을 떠받치는 중요한 역할을 했다. 영국인 경영자는 중국어와 현지 상관의 관습에 익숙한 매판을 고용하면서 비로소 순조롭게 무역업을 전개해 나갈 수 있었다.

매판은 그저 상사 직원에 머물지 않고 자신의 자본을 투자하고 경영에 참여하기도 했다. 매판의 영향력은 대단해서 생각을 내놓으면 많은 중국인 투자자가 몰려들었다.

당정추는 1873년 자딘매디슨상회를 떠나 이홍장 아래에서 근무하게 되었다. 이홍장이 운영하고자 한 윤선초상국(輪船招商局)의 경영 개혁에 힘을 발휘하는가 하면, 기선의 연료가 되는 석탄을 확보하기 위해 톈진 부근에 카이핑탄광(開平炭鑛)을 채굴하는 데 힘썼다. 덴트상회의 매판인

당정추의 동향 친구 서륜(徐潤)도 윤선초상국으로 초빙되었다.

이홍장은 영국과 미국의 회사가 근해의 기선 경영을 지배하는 것에 맞서 중국계 기선 회사를 설립하려고 했다. 이홍장은 당정추의 경영 능력, 특히 자금 모집 능력을 기대하고 있었다. 게다가 당정추가 하와이 국왕 칼라카우아의 접대를 담당하는 등 이홍장의 외교 업무를 돕는 역할까지 했다는 점에 주목할 필요가 있다. 당정추는 1892년 사망할 때까지 이홍장 밑에서 신식 사업을 추진해 나갔다.

대부분의 매판 사업은 성공과 실패라는 부침이 있었다. 그리고 매판의 사업 방식에는 때때로 투기적인 경향이 나타나기도 했다. 매판에게 국제무역은 막대한 이윤을 올릴 기회를 주었지만, 다른 한편 국제시장의 흐름에 휘말리기도 했다.

매판이 파산한 경우에는 그 부채를 어떻게 처리할 것인가를 둘러싸고 외국계 상사를 포함한 소송사건으로 번져 매우 복잡한 상황이 전개되었다. 매판은 상사에 고용되어 있었지만 때로는 자기 자본을 가지고 경영에 뛰어드는 경우도 있었기 때문이다. 물론 호황일 경우에는 외국계 상사와 매판 양쪽 모두에 유리했겠지만, 막상 손실이 발생하면 그것을 누가 책임질 것인지를 놓고 분쟁을 피할 수 없었다. 파산의 곤경에 처한 매판의 모습은 재산 보호에 대한 법적 체제가 미성숙했다는 점을 드러내 보여 준다.

2. 청말 사회의 모습

회관과 공소 청대 도시에는 회관(會館)이나 공소(公所)라고 불리는 건물이 늘어서 있었다. 회관과 공소에는 동향·동업 단체의 사무소가 들어서 있었다. 실제로는 동향·동업의 유대 관계가 겹치는 경우도 드물지 않았다. 사업에 성공한 사람에게 일손이 더 필요하게 되면 자신의 동향 사람을 불러들여 고용하는 일이 많았기 때문이다. 이런 방식은 어떤 사람을 고용할 경우 신분을 보증하는 기능을 했다. 그리고 극심한 경쟁 속에서 살아남기 위해서는 동향끼리 단결해 대응해 나가는 것이 유리했다. 동향의 유대 관계는 그저 오래된 관습이 이어져 내려온 것이라기보다는 19세기 들어 도시가 발전하는 가운데 그 필요성이 커져 간 것이라고 볼 수 있다.

회관과 공소에는 직업을 수호하는 신을 모셔 놓았는데, 신에게 제사를 지내는 특별한 날에는 연극을 공연하기도 했다. 동업 단체는 상공업의 내부 규칙을 세우고 있었는데, 19세기 후반에는 유통 과세인 이금(釐金)의 납입을 떠맡게 되었다.

상하이에서는 1840년대부터 영국을 비롯한 외국과 무역이 시작되면서 많은 사람들이 몰려들었다. 처음에는 광둥인이 유리한 위치를 차지하고 있었다. 광둥 사람은 본디 대외무역을 한 경험이 있고 선박 수리 등 항만에 필요한 일에 익숙했기 때문이다. 이들 광둥인 그룹을 광둥방(廣東幇, 방은 '서로 돕는 동료'라는 의미)이라고 한다. 19세기 후반에 광둥방과 경쟁하며 상하이에서 세력을 키워 나간 것이 닝보방(寧波幇)이다. 닝보는 상하이와 항저우 만 사이에 있어 배를 이용하는 데 무척 편리한 지역이다.

상하이에서 닝보방이 운영하던 쓰밍 공소(四明公所)는 유력한 동향 조직으로 잘 알려져 동향 사람들에 대한 구제 사업을 활발하게 벌여 나갔다. 닝보에서 상하이로 나와 사망한 사람의 장례식까지 지원했는데, 가난한 사람의 경우는 관 값을 대신 부담하거나 매장할 묘지를 확보해 주기도 했다(당시는 화장하지 않고 시신을 그대로 매장하는 것이 일반적이었다). 쓰밍 공소는 시신을 일시 보관하다가 선박을 이용해 고향으로 보내는 일에도 적극적이었다. 관을 운송하게 된 것은 시신을 고향 땅에 매장해야 자손이 복을 받는다는 관습에서 유래한 것이지만, 이러한 사업 자체가 동향 사람들의 유대 관계를 강화하는 데 효과적이었다는 점도 간과할 수 없다.

묘지를 갖고 있었기 때문에 쓰밍 공소는 본래 상하이 현성 교외에 있었지만, 1894년이 되면 프랑스 조계로 편입되기에 이른다. 1874년 프랑스 조계 당국이 쓰밍 공소의 묘지를 횡단하는 도로 건설을 계획하자, 그에 반발한 닝보방 사람들의 강경한 저항으로 무력 충돌이 벌어지기도 했다. 프랑스 조계 당국의 압력이 있었지만(프랑스 조계 당국은 시신이 전염병을 유발할 수 있다는 불안감을 가지고 있었다), 쓰밍 공소는 시신을 고향으로 보내는 사업을 더욱 활발하게 추진했다.

닝보 사람들의 동향 회관인 쓰밍 공소 상하이 프랑스 조계 지역(唐振常 主編,《近代上海繁華錄》).

닝보방의 경우 상하이에서 생활하는 사람들도 많았을 뿐 아니라 유력한 업종을 갖고 있었기 때문에 이러한 대규모 활동이 가능했을 것이다. 다른 지역에서 흘러 들어온 사람들은 그다지 좋은 직업을 갖지 못했고, 그 결과 부유한 동향 사람도 많지 않았기 때문에 언제나 사회의 하층에 머물 수밖에 없었다. 이러한 점에서 동향 사람들의 상호부조는 도시 사회에서 살아가는 데 매우 유효한 수단이었다는 것을 알 수 있다.

저널리즘의 형성　　1872년 상하이에서 간행된 중국어 신문 《신보》(申報)는 역사적으로 무척 큰 역할을 담당했다. 물론 이보다 앞서 발간된 신문도 있었다. 런던선교회 로버트 모리슨(Robert Morrison, 1782~1834)은 말라카를 포교 거점으로 삼고 인쇄소를 세웠는데, 여기에서 모리슨을 돕고 있던 선교사 윌리엄 밀른(William Milne, 1785~1822)이 1815년부터 1922년까지《찰세속매월통기전》(察世俗每月統記傳, 거의 매달 발행)의 편집을 담당했다. 주된 내용은 선교를 중심으로 과학을 소개하는 것이었다. 이 간행물은 형식상 목판인쇄의 팸플릿과 같은 것으로, 뉴스를 주로 전하는 것은 아니었다. 그 후 선교사들이 정기간행물을 중국어로 출판하면서 점차 서양식 신문 개념에 바탕을 둔 신문을 만들어 인쇄하게 되었다. 또한 홍콩에서 영자신문이 발행되고 중국어판도 등장했다.

이리하여 본격적인 일간신문이 상하이에서 등장하게 된다. 영국인 어니스트 메이저(Ernest Major, 1841~1908)가 중국인을 고용하여《신보》를 발행한 것이다(1872년 4월 30일 창간). 처음 발행 부수는 600부에 불과했지만 몇 년 지나지 않아 5,000부를 넘어섰다. 주로 조정의 동향과 국내외 곳곳의 사건, 지역 뉴스, 경제 정보, 정치 논설 등을 다루었다. 내용이 다양하고 균형 잡혀 있었기 때문에 상하이에 거주하는 중국인 독자들한테 환영받았다.

《신보》는 창간사에 이렇게 서술하고 있다.

대체로 국가의 정치, 풍속의 변천, 중국과 외국의 교섭에 관한 중요 사항, 통상 무역의 장점과 단점, 그리고 무엇이든 놀란 만한 것이나 기뻐할 만한 것 가운데 사람들의 이목을 끌 수 있는 것이라면 모두 신고자 한다. 진실을 전달하도록 노력하며 독자가 알기 쉽도록 한다. 사실에서 벗어난 것이나 엉터리 기사는 쓰지 않는다. 그러면 시국의 동향에 주목하는 독자들의 마음을 사로잡을 수 있고, 상업에 종사하는 사람들도 속을 일이 없다. 이러한 신문이 세상에 나온다는 것은 매우 유

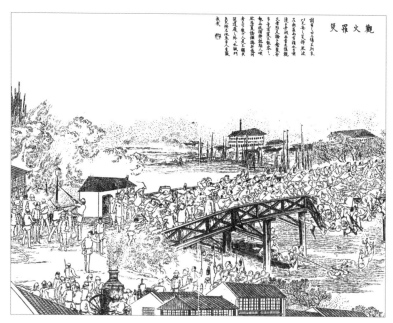

《점석재화보》에 실린 그림 상하이에서 발생한 화재를 구경하려고 사람들이 몰려드는 바람에 다리가 무너지는 장면을 그렸다.

익한 일이다.

《신보》는 진실을 알기 쉽게 전한다는 실용적 의의를 명료하게 선언하고 있다. 이어서 제1호에 운영 방침을 실었다. 우선 신문 요금을 제시하고 지면과 관련하여 문학작품과 정치·경제 논설 등이 기고된 경우 무료로 게재하지만 광고는 글자 수와 게재 일수에 따라 요금을 받는다는 것이다. 이렇게 해서 신문 판매와 광고료에 의거한 경영 방식이 도입되었다. 《신보》는 상업적 기반을 가진 중국어 저널리즘이 상하이에 정착하는 데 선구적 역할을 했다. 이 《신보》를 발행한 회사는 그림이 들어간 《점석재화보》(点石齋畵報, 1884년 창간)를 간행한 것으로도 유명하다.

도시의 여성　도시로 나온 사람은 남성만이 아니다. 오히려 19세기 후반 상하이에서는 여성의 모습을 거리에서 흔히 볼 수 있게 되었다. 여성들의 등장을 두고 일부 사람들은 풍속을 해친다고 하며 색안경을 끼고 보기도 했지만, 여성의 사회 진출은 시대 흐름상 어찌할 수 없었다.

다수의 부자가 상하이에 살게 되면서 가정부가 필요하게 되었다. 저택에서 요리나 세탁 일을 하거나 안주인의 시중을 드는 일이다. 상하이 가까이 있는 농촌의 여성들은 이런 가정부 일을 찾아 몰려들었다. 가정부의 대우가 꼭 좋다고 볼 수는 없었지만, 농촌과는 다른 자유를 만끽하고자 몸치장을 하고 도시로 나오는 여성도 있었다.

상하이에는 여성을 고용하는 제사 공장이나 차(茶) 공장이 늘어났다. 남성보다 여성의 임금이 싸고 감독도 수월하다는 이점이 있었기 때문이다. 이런 가운데 공장에서 여성이 남성과 함께 일을 하는 것을 두고 여공이 풍기를 어지럽힌다는 주장이 제기되기도 했다. 또한 여공들이 손을 잡고 담소하면서 거리를 활보하는 것이 남성을 유혹하기 위한 행위라고 비판하는 의견도 있었다. 이러한 문제 제기는 그 자체로 당시 상하이의 풍속도가 젊은 여성들이 거리를 활보하는 광경으로 새롭게 변모하고 있음을 말해 주는 것이라 하겠다.

상하이에서 일하는 여성 중에는 매춘부, 가수, 여배우, 아편굴의 접대부 등 다양한 사람들이 있었다. 그 여성들은 당시 언론으로부터 풍속을 해치는 자들이라고 비판받으면서 욕망이 넘치는 상하이의 환락 산업을 지탱하고 있었다.

여성이 밖으로 나가서 노는 것을 좋지 않게 보는 시각이 있었음에도, 여성이 찻집이나 극장, 아편굴에 다니는 일은 점차 늘어만 갔다. 이러한

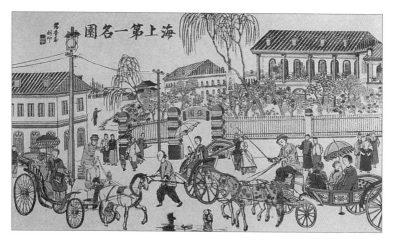

변모하는 상하이 풍경 경사스런 모습을 그린 연화. 마차와 인력거를 탄 여성이 장위안(張園)이라는 정원의 앞을 지나가고 있다(《上海圖書館藏年畫精品》).

장소에서는 물론 남녀가 섞이게 되고 때로는 이상화된 서양 남녀의 교제 방식도 염두에 두고 있었다. 바야흐로 좋은 집안의 자녀가 도시에 모습을 드러내는 시대가 찾아온 것이다.

약자 구제 활동　　태평천국으로 큰 피해를 입은 지역에서는 약자를 도와 사회를 부흥시키는 일이 과제로 떠올랐다. 이런 과제를 위해 명말 이래 전통이 깊은 선회(善會)·선당(善堂)이라는 형태의 사회복지 사업이 전개되었다. 선회란 기본적으로 선행을 지향하는 선사(善士)가 자발적으로 결사를 만들고 자금을 모집해 사업을 하는 것이다. 선당은 이런 의도로 만들어진 시설을 가리킨다. 이런 사업의 배경에는 자선 활동을 통해 공덕을 쌓으면 복을 받는다는 관념이 내포되어 있었다.

19세기 중엽 자선 활동을 이끌어 간 인물로 여치(余治, 1809~1874)가 유명하다. 그는 1869년 선회·선당 운영 규칙에 관한 서식을 모은 《득일록》(得一錄)을 편집 간행하고 이러한 사업이 전국 곳곳으로 확대되기를 희망했다.

이 시기에 펼쳐진 영아 구제 사업에 대해서 살펴보자. 전 세계 곳곳에서 나타나지만, 기르기 어려운 젖먹이를 버리거나 살해하는 행위는 청대 사회에서도 드물지 않았다. 특히 대를 잇는다는 남아선호 사상으로 여자아이가 희생이 되는 경우가 많았다. 이런 아이들의 목숨을 안타깝게 여겨 어떻게든 구해 보려는 움직임이 일어난 것은 퍽 자연스러운 일이었다.

영아 구제를 위해 각지에 설치된 시설이 육영당(育嬰堂)이다. 육영당은 청조의 권장도 있어 널리 보급되었는데, 유아를 맡아 젖을 먹이고 돌보는 역할을 했다. 하지만 민간에서 '뜻있는 사람들'(有志)의 힘만으로는 자금을 확보해서 사업을 이어 나가는 것이 쉽지 않았다. 그 때문에 적지 않은 육영당이 재정상의 어려움으로 문을 닫게 되었다.

이 문제를 해결하기 위해 자선 활동가 여치는 보영회(保嬰會)라는 구제 사업을 생각해 냈다. 보영회는 어린 자식이 있는 빈궁한 가정의 부모에게 금전을 정기적으로 보조해 주었는데, 마찬가지로 재원은 지역 명망가들의 기부금으로 충당했다. 이런 방식은 시설을 세우거나 유지할 필요가 없을뿐더러 부모가 제 자식을 양육하는 것이기 때문에 가족을 유지한다는 점에서도 바람직했다. 여치가 보영회를 처음 생각한 것은 태평천국 이전이었지만, 전란의 와중에 특히 영아 구제에 대한 필요성이 인정되어 널리 보급되어 갔다.

그런가 하면 상하이의 조계에서도 전란을 피해 수많은 사람들이 유입되는 상황에서 여러 선당이 설립되었다. 여기에는 의료봉사뿐 아니라 쓰러져 죽을 것 같은 사람들을 수용하는 시설도 있었다.

이러한 사업을 펼쳐 나가는 발상에는 본디 인과응보라는 관념이 깊이 자리하고 있었다. 말하자면 선행을 베푸는 행위는 자신과 자손에게 복을 가져다줄 것이라고 믿는 관념이다. 또한 전란으로 감소된 인구를 늘리거나 치안을 유지해 사회질서를 바로 세우려는 의도도 담겨 있었다고 할 수 있다.

이런 사업과 별도로 기독교의 고아 구제나 의료 전도 같은 활동도 활발하게 진행되었다. 이러한 외국인의 활동은 톈진 교안 사례에서 볼 수 있듯이 중국 사람들의 시기와 의심의 대상이 되기도 했지만, 종래의 자선 활동과 경쟁하듯이 구제 사업을 전개해 나갔다.

가뭄 대응　　1876년부터 화북 일부에서 시작된 가뭄은 이듬해에 본격화되어, 그 뒤로 2년이 넘도록 피해가 지속되었다. 화북의 광대한 지역에서는 주로 빗물에 기대어 농사를 짓고 있었기 때문에 이 가뭄은 농민들에게 비참한 결과를 가져다주었다. 사람들은 먹을 것을 찾아 고향을 떠나 유랑했지만, 어디를 가도 마찬가지여서 굶어 죽는 경우가 허다했다. 부모는 굶주리는 것보다는 낫다고 여겨 자식을 팔아넘기기도 했다.

이 난관을 극복하기 위해 분연히 일어선 것이 상하이를 거점으로 활동하고 있던 선사(善士)들이다. 그들은 스스로 조직을 결성하고 기금을 모집하고 대표자를 피해 지역에 보내 상황을 시찰했다. 상하이에서 발행하던 《신보》도 선전 매체로 커다란 역할을 했다. 거기에 실린 기금모집 광고는 다음과 같이 호소하고 있다.

가뭄의 비참함을 알려 기부금을 모집하는 장면　오른쪽은 먹을 것이 없어 울면서 자식을 파는 부모, 왼쪽은 돌을 갈아서 먹으려고 맷돌을 돌리는 모습이 보인다. 12장으로 구성된 그림 가운데 2장(《直豫秦晉四省災民図》), 東京大学 総合図書館 소장).

　　즈리, 허난, 산시(陝西), 산시(山西) 네 지역의 대재앙은 역사상 전례가 없는 것입니다. 2~3년 이상 지속된 가뭄으로 논밭에 아무것도 자라지 않아 죽은 자가 널브러져 있고, 사람들이 서로 잡아먹어 보는 이의 마음을 아프게 하는 것은 물론 그런 사연을 듣기만 해도 눈물이 흐를 정도입니다. 운명의 장난으로 이렇게 되었다고는 하나 실제로 인정이 메말라 버린 결과이기도 합니다. 그러나 가뭄이 든 곳은 이미 심각한 피해를 입었다고 해도, 가뭄이 들지 않은 각 성의 사람들마저 두려움에 떨고 푸른 하늘을 쳐다보며 즈리, 허난, 산시, 산시 같은 가뭄이 들지 않도록 기원하고 있습니다. 그렇다면 대체 무엇을 의지해야 안심하며 살 수 있겠습니까? …… 한마디로 말하면 타인의 가뭄 피해를 도와준다면 반드시 자신도 나중에 가뭄 피해를 면할 수 있다는 것입니다(《申報》1874년 5월 27일).

남에게 인정을 베풀면 반드시 나에게 돌아온다는 속담 역시 선행이야 말로 자기 자신을 구하는 것이라는 인과응보 관념에 바탕을 두고 있다. 이 글을 쓴 경원선(經元善)은 대표적인 선행가로서 화북 지역의 구제 활동에 주력했다.

이런 가운데 구제 활동은 선교사를 통해서 국제화되어 갔다. 런던에 서는 구제기금위원회가 설립되어 널리 선전함으로써 동정을 모아 기금을 모집하는 데 노력했다. 일본에서 모은 기금도 화북 구제를 위해 전달되었다.

이런 노력은 일종의 비영리 조직 활동이라고 할 수 있다. 기존 관료 기구의 틀을 벗어나 전국적 시야를 가지고 행동하는 귀중한 기회가 되었다. 그리고 이들 구제 활동에 참가한 인물 가운데에는 정관응(鄭觀應), 성선회(盛宣懷)와 같이 뒷날 기선, 전신 등 신식 사업에서 활약하는 인재도 있었다. 그런데 구제에 필요한 식량 운반에는 누가 뭐라 해도 관이 관리하는 물류 시스템의 역할이 컸다고 할 수 있다.

식민지 홍콩 홍콩은 1842년에 체결된 난징조약으로 영국의 식민지가 되었다. 영국은 중국 대륙 근처에 거점을 확보함으로써 오랜 염원을 달성하게 되었다. 본디 홍콩에는 어느 정도 농지가 있었으며 어업에 종사하는 이들도 있었다. 규모가 큰 마을에는 상점도 있었다. 그러나 영국령이 되고 나서 항만 시설과 관청 거리가 조성된 홍콩의 북쪽은 급속하게 도시화가 진행되었다. 게다가 1860년 베이징조약에 의해 홍콩의 바로 맞은편에 있는 주룽반도의 끄트머리도 영국에게 할양되었다. 이리하여 홍콩과 주룽반도 사이의 좁은 수역은 이상적인 항만 기능을 담당하게 되었다.

홍콩은 영국의 자유주의 방침 아래에 운영되어 관세가 없는 자유무역항으로 발전해 갔다. 영국의 홍콩 지배는 될 수 있으면 민간의 경제활동에 개입하지 않는 것을 지향했지만, 경제적 권리를 보장하는 법적 제도는 영국 본국에 준해서 시행되었다.

식민지 홍콩의 초기 재정은 비교적 간단했다. 도시 지역 주민한테서 징수한 갖가지 세금이나 아편 매매를 비롯한 각종 사업에 대한 인허가세가 재정 수입의 주요 부분을 차지했다. 세금은 주로 정부 직원의 급료나 경찰과 감옥 등의 경비, 도로 같은 공공사업에 지출되었다.

중국 대륙에서 홍콩으로 끊임없이 인구가 흘러 들어왔다. 장사로 성공을 꿈꾸는 이도 있고 항만 노동자도 있었다. 홍콩 정청은 법질서 유지말고는 이들 중국계 주민에게 그다지 관심을 기울이지 않았다. 물론 중국계 주민들은 출신지나 같은 업종별로 단체를 만들어 민간신앙을 통한 유대를 쌓고 있었다.

영국인은 서양 의학에 기반한 병원을 설립했지만, 중국계 주민들 대부분은 서양식 의료에 익숙하지 않았다. 그래서 1869년부터 중국 의학에 의거해 무료 진료를 실시하는 사업이 시작되었다. 이 사업을 발전시켜 1872년에는 부유한 중국 상인의 기부금과 홍콩 정청의 원조를 받아 동화의원(東華醫院)이 설립되었다. 동화의원은 청조 치하의 각지에서 볼 수 있는 자선사업의 흐름을 잇는 것으로, 정부의 행정이 미치기 힘든 부분을 보완하는 성격을 가지고 있었다. 그런데 동화의원은 홍콩이라는 식민지에서 가장 유력한 중국인 단체가 되었기에 특별한 위치를 차지했다. 동화의원의 운영을 맡은 유력 상인은 중국계 주민의 대변자 역할을 하게 되었다.

홍콩에서 바라본 주룽반도(1900년경) 맨 앞에 보이는 건물이 동화의원이다(Elizabeth Sinn, *Power and Charily*).

동화의원의 구제 활동은 인신매매 대책에까지 미쳤다. 이 무렵 여성을 속이거나 유혹해서 동남아시아 등지에 매춘부로 팔아넘기는 사건이 많았다. 인신매매 업자와 피해자는 싱가포르행 기선으로 갈아타기 위해 종종 홍콩을 통과하다가 붙잡히는 경우도 많았다. 문제가 심각해지자 오로지 인신매매 대책을 전담하는 보량국(保良局)이 동화의원에서 분리 설립되었다. 이 보량국은 독자적으로 조사원을 고용해 홍콩 정청과 연대해서 범인을 검거하는 데 힘을 쏟았으며, 구제한 피해자를 수용해서 적절히 귀향시키는 일을 담당했다.

19세기에 홍콩 주민의 90퍼센트 이상은 중국 대륙에서 이주해 온 사람들이었다. 이주해 온 사람들은 단기간 머무는 경우가 많았기 때문에 영국 정청은 쉽사리 영국 신민으로 인정하지 않았다. 게다가 청조는 홍콩에 사는 중국계 주민을 여전히 자국민으로 인식하고 있었다. 영국은 홍콩을 식민지로 통치하고는 있지만, 주민을 어떻게 장악할 것인가 하는 점에서 어렵고도 미묘한 처지에 있었던 것이다. 이러한 상황 속에서 대륙과 해외 화교 사회에까지 연결된 동화의원과 보량국은 더더욱 필요가 절실해지면서 중요한 역할을 떠맡게 되었다.

3. 재편되는 지역사회

풍계분의 제언 쑤저우(蘇州) 출신인 풍계분(馮桂芬)은 과거에 합격해 진사가 되어 한림원 편수(翰林院 編修)라는 엘리트 코스를 밟았다. 그러나 태평천국의 전란은 그에게 시련을 가져다주었다. 풍계분은 고향에서 단련을 편성해서 싸웠지만 쑤저우는 태평천국에 점령되었다. 그는 어쩔 수 없이 상하이로 탈출하여 이홍장의 막료가 되었다.

풍계분은 임칙서를 존경했으며 정치 개혁에 대해서도 의견을 제시했다. 그의 제언을 모아 정리한 것이《교빈려항의》(校邠廬抗議)이다. 이 책의 내용은 여러 분야에 걸쳐 있지만, 정치제도에 대한 개혁 내용이 많은 부분을 차지하고 있다. 그는 지방행정에 대해서 그 지역 출신이 행정 책임을 지는 것이 좋다고 제언했다.

청대 지방관은 자신의 출신지에는 임관하지 못하는 규정이 있었다. 게다가 말단 행정기구인 현을 다스리는 지현(知縣)은 몇 년에 한 번씩 교체되었다. 이러한 제도 운용의 배경에는 지방관이 해당 지역의 유력자와 결탁해 이권 구조에 얽히는 것을 방지하려는 의도가 담겨 있었다. 관청에는 오랫동안 근무해 오던 그 지역 출신의 말단 관리가 있는데, 그들을 어떻게 부리는가는 지현의 통치 능력에 달려 있었다. 그러나 지역 실정에 어둡고 경우에 따라서는 백성의 말조차 알아들을 수 없는 지현에게 효과적으로 행정을 돌보는 것은 지극히 어려운 일이었다. 게다가 임기가 짧고 재원도 부족했기 때문에 의욕적으로 시정을 살피기보다는 무난히 임기를 마치는 것을 우선시하는 경향이 강했다.

풍계분은 이처럼 제대로 기능하지 못하는 지방행정 제도를 개선하고자 했다. 그러기 위해 지현 아래 단련을 조직해 태평천국과 싸운 경험이 있는 지역의 신사(紳士)에게 정규 지위를 부여하여 행정을 보좌하게 해야 한다고 주장했다. 또 보좌역의 선출은 지역민의 투표로 결정할 것을 제언했다.

풍계분은 이러한 논의를 전개하는 데 명말 학자 고염무(顧炎武)의 주장에 의거하고 있지만, 그 배경에는 중앙집권과 지방분권을 어떻게 조합해 나갈 것인가 하는 문제를 둘러싸고 천 년이 넘도록 되풀이해 온 논쟁의 역사가 있었다. 또 이상적인 태고의 정체(政體)를 참조한다고 하는 '복고'를 주장하면서 개혁을 제안했다.

《교빈려항의》는 외국의 제도에 관해서도 언급하고 있는데, 투표를 통해서 지역 여론을 확인하는 방식은 아마도 서양의 선거제도에서 아이디어를 얻었을 가능성이 높다. 그러나 외국의 제도에서 영향을 받은 점이 있었다고 해도, 그것은 표면적인 것일 뿐 그가 알고 있던 강남 지역의 실정에서 나온 것이 훨씬 더 많았을 것이다.

19세기 강남 지역에서는 지역의 신사가 기근 구제 등 사회문제 해결에 중요한 역할을 담당했다. 구제 활동에 필요한 자금을 지방관이 조달하지 못하고 지역의 기부금에 의지한 것이다. 또한 태평천국과 싸운 단련을 편성하는 가운데 지역 유력자가 군비를 조달하고 방어와 전투에 깊이 관여하는 결과를 낳았다. 풍계분의 의도는 지역사회에서 이미 진행되고 있는 경향을 명확한 제도로 확립하고자 한 것이라고 생각된다.

신사의 농촌 지배 풍계분이 염두에 두고 있던 지역의 유력자는 태평천국 이후 사회 부흥을 이끌어 나가게 되었다. 그 과정에서 지방의 유통 과세인 이금(釐金)이 중요한 재원이 되었는데, 이금 징수와 운영에서 각지의 신사가 커다란 역할을 했다. 신사(紳士)라는 말에서 '신'이란 본디 고위직 문인 관료(또는 퇴직 관료)를 포함하고 있으며, '사'란 과거를 준비하는 사람, 특히 과거 시험을 볼 수 있는 생원 자격을 갖춘 사람을 가리킨다.

이 시기에는 재원 부족으로 말단 관료의 자격이 매매되었지만 정규 관직은 늘지 않았기 때문에, 관료 자격은 있어도 임관하지 못하는 사람들이 급증하고 있었다. 이러한 사람들은 유력한 관료의 막료가 되거나 고향에서 지역 행정에 종사하는 경우도 적지 않았다.

강남에서 멀리 떨어진 쓰촨에서도 비슷한 변화가 일어났다. 지주 일족이 과거 자격을 얻어 지역을 대표하는 유력한 존재로 떠올랐다. 이러한 배경에는 경제 발전과 재정의 상관관계가 있었다. 18세기에서 19세기에 걸쳐 쓰촨의 인구는 급속히 늘어났다. 그때까지의 제도로는 인구 증가에 대응해 세수(稅收)를 올리는 게 쉬운 일이 아니었다. 왜냐하면 농업 부문에서 징수하고자 해도 개간에 따른 토지 소유를 정확히 파악할 수 있는 행정 능력이 없었기 때문이다. 그 결과 토지세는 이전부터 각 현에 할당되어 있던 과세 기준에 따를 수밖에 없었던 탓에 생산의 확대와 물가의 앙등에도 불구하고 세액을 올리지 못한 것이다. 이런 모양새는 세금이 낮은 '작은 정부'라고도 할 수 있지만, 행정에 필요한 재원 부족이라는 심각한 문제를 낳았다.

그래서 19세기에 들어와 쓰촨에서는 부가적인 징수를 지역 명망가에게 청부시키는 '공국'(公局)이 등장했다. '공국'은 19세기를 통해 사회 구제, 교육, 치안을 비롯한 다양한 업무를 담당했다. 이 공국을 통해 지주층이 지방행정에서 어느 정도 지위를 확보할 수가 있었다.

이러한 움직임이 결코 서양의 사상을 배경으로 하는 것은 아니었다. '공국' 사업을 추진한 사람들은 지역의 질서를 지키고 선행을 쌓는다는 의식을 갖고 있었다. 이 점은 유교와 민간신앙의 복잡한 관계를 보여 주고 있다.

유교와 민간신앙 19세기 청조에서 유행한 활동으로 문자가 적힌 종이를 소중히 취급하는 '석자'(惜字)가 있다. 결사를 만들고 기금을 모아 상점 같은 곳에서 문자가 적힌 종이를 사 모은 뒤, 학문의 수호신인 문창제군(文昌帝君) 탄생일에 결사 회원이 모여서 엄숙하게 불태우는 행위이다.

문창제군은 과거 시험의 수호신이기 때문에 석자에 열성적인 사람 가운데에는 앞으로 과거 시험에 응시하기 위해 공부에 여념이 없는 학생이 많았다. 과거 시험은 주로 유교 경전에서 출제되었기 때문에 학생들은 유교를 받들었겠지만, 석자는 선한 행동을 통해서 복을 받는다는 응보 사상에 의거한 것이었다. 응보 사상이 유교와 모순되는지 아닌지는 미묘한 문제이지만, 유교 경전을 배우는 수험생들에게 매우 커다란 영향력이 있었다는 것은 사실이다.

종이를 주워 모으는 사람 문자가 적힌 종이를 정중하게 태우기 위해 수거하는 '석자' 활동에 고용되었을 것이다 (J. Thomson, *Illustrations of China and Its People*).

문창제군의 가르침은《음척문》(陰隲文)이라는 서책에 담겨 있다. 이처럼 선을 권장하는 서책을 선서(善書)라고 한다. 선서는 문창제군한테서 부란(扶鸞)이란 방식을 통해 하사받은 말이다. 부란이란 그릇에 모래를 넣고 그 위에 막대기를 세워 신의 뜻을 물으면 막대기가 문자를 써서 신의 의사를 전하는 것을 가리킨다. 부란 활동도 19세기에 들어오면서 그 이전보다 널리 행해진 것으로 보인다.

매월 1일과 15일에 민중을 모아서 교화를 행하는 활동도 있었다. 처음에는 효행에 관한 청조 황제의 훈시를 전달했는데, 쓰촨의 어느 지역에서는 점차 선서에 대해 설교하고 부란을 행하게 되었다.

부란은 민중에 무엇인가를 호소할 때에는 무척 효과적인 수단이 되었다. 일본 통치 시대 타이완에서는, 과거 시험이 폐지되자 유학자들은 점점 더 사회 활동의 주안점을 부란으로 옮겨 갔다고 할 정도이다.

지역 유력자에게 행정 실무를 위임하자고 주장한 풍계분은, 지역의 중심 조직으로 종족을 생각하고 있었다. 종족이란 성을 같이하는 집단으로, 구체적으로는 선조를 공유하는 부계 혈통의 사람들을 말한다. 대규모 종족은 가보와 종보를 편찬함으로써 계보를 명시하고 있다. 종족의 규율인 종법은 유교에서 유래한다고 여겨졌다.

종족은 개별 집안을 뛰어넘은 단위이다. 기본적인 가계 단위인 집안은 가장 단순하게는 부부와 자식으로 구성된다. 예로부터 대가족을 이상화했으나 남자 형제간 또는 시어머니와 며느리들이 화목하게 동거하는 게 쉬운 일이 아니었기 때문에 현실적으로 가족의 규모는 소가족이었다. 동성(同姓) 간에는 결혼을 금지했기 때문에 부부는 반드시 성이 달라야 했다. 결혼해도 여성이 성을 바꾸는 일이 없었던 것은 성이란 남성의 혈통을 의미한다는 관념 때문이었을 것이다(일본은 성이 집안에 대한 소속을 의미하지 않는다).

동성들끼리 대체로 인근에 모여서 거주하는 경우가 많았는데, 규모가 큰 종족은 지역사회에서 두드러진 지위를 차지하게 된다. 경우에 따라서는 공동으로 토지를 소유하고 일족에서 과거 합격자를 내기 위해 장학금을 지급하거나 곤궁한 자를 원조하기도 했다.

풍계분에 따르면, 종족은 지방관의 통치가 미치지 못하는 부분을 보완해서, 개별 가정으로는 대응할 수 없는 어려움을 극복하는 역할을 담당했다고 한다. 풍계분이 종족에 기대하고 있었던 것은 사람들 개개인을 통합하는 기능으로서 "다수 세대가 모두 소속을 갖게 하는 것"이었다(《校邠廬抗議》下卷, 16쪽). 그리고 이렇게 만들어진 유대 관계에 바탕을 두어야만 국가도 평안할 수 있다는 것이다.

풍계분의 제안은 지역의 유력자가 주도하여 교육과 빈민 구제, 자경

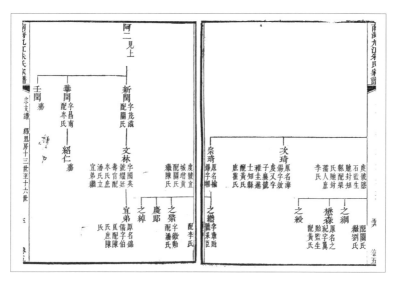

가보(家譜) 일족의 계보를 명확히 하고 그 활약상을 드러내기 위해 편찬되었다. 이것은 광둥 성 난하이 현(南海縣) 주장바오(九江堡)의 주씨(朱氏) 가보이다. 캉유웨이의 스승인 주차기(朱次琦)의 이름도 보인다(東京大学 総合図書館 소장).

(自警), 수리사업 등을 추진해 가는 19세기 후반의 시대적 흐름에 부합하는 것이었다. 풍계분이 종족에 대해 크게 기대한 것은 사회 통합 기능이었다. 그가 '사교'(邪敎) 대책으로 종족이 유용하다고 한 것에는 종족 간의 상호부조를 통해 가난 때문에 무뢰가 되어 '사교'에 들어가는 자가 나오는 현상을 예방할 수 있다는 의미를 담고 있다.

그러나 풍계분이 예상한 것과는 다소 다른 변화도 나타났다. 종족은 조상에 대한 존중에 바탕을 두고 있기 때문에 유교적 이상과 결부되어 있다고 생각하는 사람들이 많았다. 한편, 태평천국은 유교를 강하게 공격하고 유교의 종족 모습에 반하는 시책을 단행했다. 증국번이 태평천국을 진압하기 위해 군사를 일으켰을 때 내건 격문에도 이런 점을 표명하고 있다(2장 89쪽 참조). 그리하여 태평천국이 진압된 후 유교는 지역사회를 재건하는 이념으로 표방되었다. 태평천국과 같은 사악한 가르침을 박멸하기 위해서는 올바른 가르침을 내세울 필요가 있다는 견해가 퍼져 나간 것이다. 이는 종족에 기반을 두고 지역에서 세력을 신장시키고 있던 명망가들이 받아들이기 좋은 것이었기 때문이다. 이 경우에 강조된 유교는 일족의 관혼상제 의례를 중시하는 '예교'(禮敎)일 것이다.

이러한 배경을 바탕으로 조성된 지방 여론은 기독교를 비롯한 외국 문화에 대해 강한 거부감을 드러냈다. 가령 여성이 도시의 공공장소에 등장하는 것을 비판하는 논조도 유교가 이상으로 하는 가족상에 근거하는 것이라고 할 수 있을 것이다. 예교의 이상은 확실히 태평천국 후의 혼란 속에서 사회질서를 재건하는 데에 유용했다. 그러나 한편으로 증국번의 톈진 교안 처리에 대해 비난하고, 개혁이 필요하다는 이홍장의 주장을 일축하는 보수적인 입장으로도 연결되었다.

5장

청조 지배의 전환기

붓을 들고 있는 광서제 청년 황제의 늠름한 모습이 인상적이다《淸史圖典》11).

1. 격화되는 국제 대립

서태후 시대 서태후는 아들 동치제(同治帝)의 후견인으로 정치에 커다란 영향을 미쳤다. 1873년에 동치제는 친정을 시작했다. 소에지마 다네오미(副島種臣)가 동치제를 알현한 것도 바로 그해이다. 하지만 동치제는 1875년 1월 젊은 나이에 병사하고 말았다.

뒤를 이어 누가 제위에 오를 것인가를 두고 궁정에서 의견이 분분했으나, 결국 서태후의 의도에 따라 동치제의 사촌동생인 광서제(光緖帝, 재위 1875~1908)가 즉위했다. 광서제의 생모는 서태후의 여동생이다. 광서제는 어렸기 때문에 다시 동태후(함풍제의 황후)와 서태후가 후견인이 되었다. 이 상황에 대해 일부 관료들이 격렬하게 반대했지만 서태후의 권력은 흔들리지 않았다. 동태후는 1881년에 세상을 떠났지만 서태후는 후견인으로서 계속 실권을 장악했다.

서태후의 정치는 미묘한 균형 위에 성립하고 있었다. 제2차 아편전쟁과 태평천국이라는 커다란 위기를 넘기면서 획득한 청조의 정치적 안정은 두 축의 지지를 받고 있었다. 하나는 청조를 근대화시키고자 하는 이홍장과 공친왕 혁흔(奕訢) 등의 세력으로, 국제 관계의 안정 속에서 부

서태후 1903년 촬영. 사진 찍는 것을
좋아하지 않았는지, 젊은 시절의 사진
이 남아 있지 않다(《故宮珍藏人物照片
薈萃》).

국강병을 지향하고 무역을 진흥하여 조세 수입을 올림으로써 재정을 튼
튼히 하고자 했다. 또 하나는 유교의 정통 교의에 의거해 교화를 추진하
고 지역사회를 안정시키고자 하는 세력으로, 서구 문화를 받아들이는 데
저항적이었다. 실제로 외국에서 기술을 도입하거나 조약 교섭의 실무를
담당하는 관료에 대해 베이징에서 감찰을 임무로 하는 엘리트 관료들이
엄격하게 비판하는 일도 드물지 않았다. 서태후는 이런 상황을 이용해
이홍장과 혁흔 등을 견제했던 것이다.

　총독이나 순무 등 지방관은 실질적으로 성 차원의 재정을 장악함으로
써 독자적으로 인재를 모으고 각지에서 새로운 사업을 일으켰다. 그러
나 총독·순무의 임면권은 조정이 장악하고 있었으며, 특히 지방에서 커
다란 실정이 나타나면 즉시 베이징의 원칙주의적인 감찰 관료가 그것을
고발했다. 이렇게 중앙과 지방이 균형을 유지하고 있었다.

이 시기의 정치에는 뛰어난 정치적 수완이 필요했다. 서태후의 변화무쌍한 권모술수는 그러한 시대적 요청에 잘 맞아떨어졌다고 볼 수도 있을 것이다.

마가리 사건　18세기 중엽에 성립한 버마(미얀마)의 콘바웅(Konbaung) 왕조는 내륙부의 농업지대인 상(上)버마를 기반으로 하면서 연해부의 하(下)버마로 세력을 넓혀 갔다. 때때로 인접국 시암(태국)과 대립했을 뿐 아니라 청조 건륭제가 보낸 파견군의 침략을 물리치기도 했다. 윈난 성을 통해 정기적으로 조공을 바쳤지만, 버마 국내에서는 청조와 대등한 입장에 서 있다는 인식이 팽배했다. 버마와 윈난 성 사이의 분지에는 태국계 언어를 사용하는 산족(Shan)이 자립적인 소국을 세우고 있었는데, 이들은 버마와 윈난 성 양쪽에 사절을 보내 우호 관계를 유지하고 있었다.

19세기에 들어서 보다우파야 왕(Bodawpaya, 재위 1782~1819)은 버마의 세력을 신장시켰는데, 그러한 움직임은 벵골을 근거지로 하는 영국과 충돌을 불러왔다. 1820년 제1차 영국-버마전쟁에서 버마는 벵골과 아삼 지역의 패권을 둘러싸고 영국과 싸웠다. 영국 함대는 새로 개발한 증기선을 이용해 이라와디 강을 거슬러 올라가 수도 아바(Ava)를 압박했다. 이에 굴복해 체결한 얀다보조약(Yandabo Treaty, 1826)에서 콘바웅 왕조는 해안 지역의 패권을 상실했다. 1850년대에 치른 제2차 영국-버마전쟁에서는 하(下)버마를 영국에 할양했다. 이리하여 영국은 이라와디 강 하류 지역을 개발해 광대한 곡창지대로 삼고 랑군(양곤)을 행정의 거점으로 정비했다. 이에 대해 내륙 국가가 된 버마는 민돈 왕

(Mindon, 재위 1853~1878) 치하에서 근대화 정책을 추진했다.

영국은 버마와 윈난을 경유해서 청조와 무역을 추진하고자 통상로를 찾아 탐험대를 파견했다. 이 경로는 대체로 이라와디 강 상류인 바모(Bhamo)에서 텅웨(騰越)에 이르는 무역로였다. 텅웨에서 험준한 가오리궁 산(高黎貢山)을 넘어 누 강(怒江, 살윈 강)을 건너면 임칙서가 회족 대책으로 고심하던 바오산(保山)에 이른다. 거기에서 동쪽으로 란창 강(瀾滄江, 메콩 강 상류)을 넘으면 다리(大理)와 쿤밍(昆明)으로 이어진다(2장 98쪽 윈난 성 지도 참조).

탐험대의 통역과 안내를 위해 베이징의 영국 공사관에 근무하는 마가리(A. R. Margary)가 부름을 받고 윈난을 경유해서 바모로 들어갔다. 그러나 1875년 2월 마가리가 이끄는 선발대가 다잉 강(大盈江, 이라와디 강의 지류)을 따라서 텅웨 방면으로 향하던 도중에 마가리가 원주민으로 추정되는 사람들의 습격을 받아 피살되었다.

이 소식을 들은 영국 공사 토머스 웨이드(Thomas Wade)는 즉시 항의하면서 이런저런 외교 현안을 받아들일 것을 요구했다. 청조의 해관에 근무하는 로버트 하트(Robert Hart, 1835~1911)와 조지 데트링이 중개에 나섰고, 데트링의 임지인 즈푸(芝罘, 산둥반도 북단의 항구)에서 웨이드와 이홍장이 교섭했다. 이리하여 1878년 9월 즈푸협정이 체결되었다.

협정의 내용은 다양한데, 우선 마가리 살해에 대해 청조는 사죄하고 배상금을 지불하고, 새로이 대외무역을 할 수 있는 항구를 늘리고, 조계의 이금(유통 과세)을 면제한다는 등 통상에 대한 내용을 구체적으로 담고 있다. 그러나 영국의 비준은 1885년에야 겨우 이루어졌다.

영국에 파견된 곽숭도　　즈푸협정에는 마가리 사건에 대해서 영국에 사
　　　　　　　　　　　죄 사절을 파견한다고 규정되어 있었다. 이에
1877년 사죄 사절로 영국에 도착해 임무를 완수한 곽숭도(郭崇燾)는 그
대로 주영 공사가 되어 런던에 머물게 되었다. 그는 청조가 해외에 파견
한 최초의 공사이다.

　곽숭도는 후난 출신으로 과거에 합격해 진사가 된 인물이다. 증국번
과 함께 상군에 가담해 태평천국을 진압하는 데 앞장서기도 했다. 그 후
고향으로 돌아갔지만 일본의 타이완 침략을 계기로 조정의 부름을 받아
곧 영국으로 파견되었다.

　곽숭도는 영국에 체재하면서 경험한 일을 일기에 상세히 기록하였다.
그는 영국에서 정치, 행정, 학술 관련 시설을 견학하고 영자신문을 통해
정보를 수집했다. 때로는 런던에 주재하는 각국 공사와도 의견을 교환했
다. 그 무렵 영국에서는 공개적인 과학 실험이 자주 있었는데, 곽숭도는
이런 행사도 참관했다. 그는 빅토리아 시대 최대의 번영을 구가하던 런
던에서 얻은 다양한 지식을 생생하게 기록으로 남겼다.

　영국이 강해진 것은 우리 청대부터이다. 학문을 탐구해 부강의 기
초를 세운 것은 명말에 해당하는데, 이는 프랑스나 독일 같은 나라보
다도 뒤처진다. 기기를 발명해 공업을 시작한 것은 건륭 이후(18세기
중엽 이후)이다. 처음에는 나라의 정세가 매우 혼란스러웠다. 영국이라
는 나라를 잘 관찰해 보면 줄곧 변함없이 국세가 신장된 것을 알 수 있
다. 그 이유는 의회 의정원에서 나라의 기본 정책을 확립하고 시장(市
長)을 세워 행정에 백성의 요구 사항을 받아들이고 있기 때문이다(광
서 3년 11월 18일).

곽숭도는 영국의 정치제도가 유능한 인재를 배출한 것에 견주어 중국은 완전히 반대 방향으로 나아갔다고 인식했다. 영국에서는 인민에게 유익하도록 행정이 이루어지지만, 결과적으로 그것이 국가에 유익함을 가져왔다고 보았다. 예를 들어, 우편은 우표를 붙여서 멀리까지 보낼 수 있는데 국가는 우표를 팔아 많은 수입을 얻고 있다. 이와 같이 오로지 인민을 위해 고안한 행정이 국가의 이익으로 연결되는 방식이야말로 "서양이 나날이 부강해지는 까닭이다"(광서 3년 4월 2일)라고 했다.

런던은 명사들이 모이는 장소였다. 그 무렵 오스만 왕조의 대재상으로 헌법 제정에 힘을 쏟은 미드하트 파샤(Midhat Pasha, 1822~1884)는 추방 명령을 받아 런던에 체재하고 있었다. 페르시아 공사, 일본 공사 등과 함께한 차 모임에서 미드하트 파샤는 이렇게 말했다.

출발은 늦었지만, 일본은 빠른 속도로 발전해 아시아에서 가장 크게 이름을 떨치고 있다. 일본이 나날이 번창해 가는 것은 기쁜 일이다. 중국은 천하제일의 대국으로 예전부터 이름이 높아 모든 나라가 우러러봤다. 중국이 부강의 성과를 올린다면 기쁜 일이다. 하루라도 빨리 분발해서 일어나야 한다.

이를 듣고 곽숭도는 부끄러운 마음이 들었다고 한다(광서 4년 정월 9일). 미드하트 파샤가 일본을 높이 평가한 근거가 무엇인지는 명확하지 않지만, 그 모임의 참석자가 대부분 아시아인이었기 때문에 일종의 아시아주의적인 입장을 표명했다고 생각한다.

곽숭도는 런던에서 2년 동안 체재한 뒤 귀국했으나 그대로 정계를 떠나 고향으로 돌아갔다. 따라서 그가 영국에서 얻은 귀중한 견문은 그대로 재야에 묻히게 되었다. 이에 앞서 그가 영국에 도착하기까지 적은 일기를 총리아문이 간행했는데, 여행길에서 체험한 서양 문명에 대한 평가 내용조차 청조 관계(官界)로부터 혹독한 비판을 받았다.

이미 소개했듯이 곽숭도는 런던에서 체재할 때 일어난 외교 안건, 예를 들면 청조와 일본의 류큐 분쟁 또는 야쿠브 벡 정권에 대한 대응 등에 독자적인 의견을 서술했다. 그의 견해는 받아들여지지 않았지만, 재외 공관이 처음으로 국가의 정책 결정 과정에 참여했다는 점에서 의미 있는 일이라 하겠다.

콘바웅 왕조의 멸망

버마 정세로 다시 화제를 돌리면 민돈 왕에 이어 즉위한 티바우 왕(Thibaw, 재위 1878~1885)은 영국과의 관계를 중시하지 않고 오히려 프랑스와 결탁하려고 했다. 이에 영국은 삼림 벌채를 둘러싼 분쟁을 계기로 1885년 군대를 보내 수도 만다레이(Mandalay)를 함락시켰다. 이것이 제3차 영국-버마전쟁이다. 이리하여 1886년 1월 영국은 버마를 영국령 인도에 병합시켰다.

콘바웅 왕조로부터 조공을 받고 있는 청조는, 버마가 영국에 지배당하게 되면 영국령 인도와 윈난 성이 국경을 마주하게 되므로 버마의 동향에 마냥 무관심할 수가 없었다.

청조는 주영 공사 증기택(曾紀澤)과 해관 총세무사 로버트 하트 등을 통해 교섭을 진행하여 1886년 7월 베이징에서 '버마와 티베트에 관한 협정'에 합의했다. 이 협정은 청조의 체면을 중시하여 그동안 하던 대로 10년에 한 차례씩 버마가 청조에 조공을 바친다고 규정하고 있다. 그 대신 청조는 영국의 버마 지배를 인정하게 되었다. 즉 청조는 콘바웅 왕조

중국과 버마 국경(윈난 성 루이리 시)　오늘날 수많은 사람들이 이 관문을 왕래하고 있다. 설복성이 영국 정부와 교섭하여 1894년에 설정한 국경선은 이 지점보다 약간 남쪽에 있다. 이 관문 부근의 일각을 제외한 루이리 강(瑞麗江)의 남쪽 지역은 1897년 영국에 무기한 양도되었다가, 1960년에 정식으로 버마 영토가 되었다(2009년 지은이 촬영).

가 멸망해도 조공이 계속되는 한 상관하지 않겠다는 입장을 보인 것이다. 그러나 국경 획정과 통상 조건에 대해서는 결론을 내리지 못하고 향후에 다시 논의하기로 했다.

　이 문제는 1890년 주영 공사로서 런던에 체재하게 된 설복성(薛福成)에게 맡겨졌다. 윈난 성 서부와 버마 사이에 있는 산지에는 샨족(Shan)이나 카친족(Kachin)이 살고 있었다. 설복성은 이곳을 국제법상 '무주공산'으로 간주해 영국과 분할하는 형태로 영토 문제를 해결하고자 했다. 여기에는 적극적으로 영토를 확장하려는 주체로서 청조의 위상을 세우려는 설복성의 의도가 담겨 있었다. 그러나 샨족과 카친족의 처지에서 보면 자신들도 모르는 사이에 자신들이 생활하는 영역에 국경이 그어지게 된 것이다.

1894년 영국과 청조는 조약을 맺어 윈난과 버마의 국경을 획정지었다. 통상과 관련해서 청조는 이라와디 강의 항행권(航行權)을 획득하고 랑군에 영사관을 설치하는 것을 인정받았다.

마카오의 지위 광둥 성 샹산 현(香山縣)에서 남쪽으로 돌출되어 있는 반도의 끝에 자리 잡은 마카오는 16세기부터 포르투갈이 관리해 왔다. 아편전쟁 이전에는 마카오가 대청 무역의 거점으로서 중요한 역할을 했지만, 영국령이 된 홍콩이 발전하자 별도의 길을 모색하게 되었다. 19세기 후반 한때는 쿨리 무역의 거점이 되기도 했다.

1887년 마카오에 대해 청조와 포르투갈이 교섭한 결과 리스본 의정서가 체결되었다. 이를 중개한 것은 청조가 고용한 해관 총세무사 로버트 하트이다. 하트는 당시 홍콩을 통해 중국 대륙에 수입된 아편에 대한 과세를 어떻게 처리할 것인지를 놓고 홍콩 정청에 협력을 요구했다. 그러자 홍콩 정청은 마카오에도 홍콩과 동일한 조치를 취하고 싶다고 함으로써 청조와 포르투갈 정부의 교섭이 필요하게 된 것이다. 두 나라는 이미 1862년에 조약을 체결했지만, 마카오의 지위에 대해서 청조 측의 이의가 있어 비준·발효되지는 못했다. 그래서 이 아편 과세 문제를 기회로 수호·통상에 관한 조약에 대해서도 논의할 필요가 있었던 것이다.

교섭의 초점은 다름 아닌 마카오의 지위였다. 리스본협정에서 청조는 "포르투갈이 마카오에 영구히 머물며 관리하는 것을 인정하고, 포르투갈은 청조와 협의 없이는 제3국에게 마카오를 양도하지 않는다. 그리고 청조의 아편 과세에 협력한다"는 것을 약속했다. 하트에 따르면, 이 협정이 마카오의 주권을 포르투갈에게 영구히 이양한다는 것을 의미하는 것은 아니었다. 즉 마카오의 법적 지위를 명확히 규정하는 것은 장래의 과제로 넘겨진 것이다. 이 시기 외국에 대해 강경한 태도를 취하던 량광 총독 장지동(張之洞)도 상주문에서 "본디 마카오는 중국의 땅이며 [포르투갈인이] 영구히 거주하는 것을 허락한 것일 뿐입니다. 포르투갈인은 그저 거주지를 관할할 뿐입니다"라고 지적하고 있다(《張文襄公全集》卷20, 11쪽).

1887년 12월 베이징에서 청조와 포르투갈은 정식으로 조인하기에 이르렀지만, 여전히 마카오의 지위는 애매했을 뿐 아니라 영역의 범위도 확정되지 않은 채 남게 되었다.

베트남과 프랑스　　베트남의 레 왕조(黎朝)는 청조로부터 안남 국왕으로 봉해졌는데, 18세기 후반에 대동란이 발생했다. 응우옌씨(阮氏) 3형제가 봉기해 전국을 거의 제패하고, 이 가운데 북부를 지배한 응우옌후에(阮惠, 光中帝, 재위 1788~1792)가 황제에 올라 떠이선 왕조(西山王朝)를 세웠다. 건륭제는 레 왕조를 지원하기 위해 군대를 파견했지만, 응우옌후에에게 격퇴당했다. 그리하여 1789년 건륭제는 응우옌후에를 안남 국왕으로 승인할 수밖에 없었다.

응우옌아인(阮暎, 嘉隆帝, 재위 1802~1820)은 본래 후에(Hue, 베트남 중부 도시로 응우옌 왕조의 수도―옮긴이)를 거점으로 오늘날의 베트남 중남부를 지배해 온 광난(廣南) 응우옌씨 출신이지만, 떠이선 왕조의 세력을 피해 시암(태국)을 거쳐 사이공에 이르렀다. 그는 프랑스인 가톨릭 선교

프랑스군에 징발된 베트남 병사들 이 그림을 신고 있는 소네 도시토라(曾根俊虎)의《법월교병기》(法越交兵記, 1886년 간행)는 프랑스의 베트남 진출부터 청불전쟁에 이르는 과정을 한문으로 묘사해 열강의 아시아 침략에 경종을 울리고 있다. 소네는 같은 베트남 사람이라도 프랑스군이 부리면 강해지고 베트남 관리가 부리면 약해지는데, 같은 나라 사람이면서 적과 동지로 갈라서는 것은 이해할 수 없다고 서술하고 있다.

사 피뇨 드 베엔(Pigneau de Behaine, 1741~1799)의 지원을 받았다. 마침 프랑스에서는 대혁명이 일어나 피뇨가 기대하고 있던 프랑스군의 지원을 받을 수는 없었지만, 피뇨는 스스로 인도에서 병력을 모았다. 그리고 시암 왕의 지지를 받아 응우옌아인은 마침내 떠이선 왕조를 격파하고 1802년 제위에 올라 응우옌 왕조를 세웠다.

이 정세를 본 청조는 다시 태도를 바꿔 해적을 진압한 공적이 있다고 해서 응우옌아인을 월남 국왕에 임명했다. 이때 정해진 새로운 국명 '월남'(越南)의 현지 발음이 바로 베트남의 어원이 된다. 그러나 응우옌 왕조는 국내에서는 황제 칭호를 사용했다.

2대 황제 민망제(明命帝, 재위 1820~1841)는 과거제도를 정비하고 중앙집권 정책을 추진함과 동시에 국명을 '대남국'(大南國)이라고 정했다. 그는 유교를 이념으로 국가 의식을 고양시키고자 기독교를 탄압했다.

나폴레옹 3세는 제2차 아편전쟁에 참가하면서 동시에 1858년 베트남에 군대를 파견했다. 에스파냐도 프랑스와 마찬가지로 선교사가 살해된 것을 이유로 함께 참전했다. 그 결과 1862년 사이공조약이 체결되어 사이공을 포함한 코친차이나(Cochinchina, 베트남 남부) 동부 3성이 프랑스령으로 할양되었다. 이어 제3공화정의 프랑스 정부도 1873년 베트남을 침공하여 이듬해 체결한 사이공조약에 의해 코친차이나 전체를 지배하게 되었다. 이렇게 해서 응우옌 왕조는 프랑스의 군사적 보호를 받게 되었으며, 프랑스에 송꼬이 강(紅河, 중국명은 元江) 항행권도 인정했다.

1874년의 사이공조약은 베트남을 자주 독립국으로 규정하고 있지만, 그것은 청조와의 종속 관계를 부정하기 위한 것일 뿐이었다. 청조는 반발하여 베트남이 중국의 복속국이라고 주장했다. 양쪽의 논의는 평행선을 달릴 뿐이었다.

청불전쟁   천지회의 수령 류영복(劉永福)은 태평천국이 몰락한 후 베트남에 들어가 윈난과 마주한 국경 근처에 거점을 확보했다. 이 사병 집단을 흑기군(黑旗軍)이라고 한다. 응우옌 왕조와 어느 정도 협력 관계를 구축하고 1873년에는 하노이를 침공한 프랑스군과 싸운 적도 있다. 그 후에도 흑기군은 프랑스와 윈난의 통상을 방해하는 존재였다.

1882년 프랑스는 다시 하노이에 군대를 진출시켰다. 이에 맞서 청조도 국경을 넘어 정규군을 베트남에 파견했다. 청조군이 흑기군과 함께 프랑스군과 싸우는 가운데 이홍장은 프랑스 공사와 외교 교섭을 계속했다. 한편 1883년 프랑스는 응우옌 왕조와 후에조약(아르만조약)을 체결해 베트남을 보호국으로 삼았다.

1884년 4월에는 청조 조정에서 정변이 발생했다. 베트남 군사작전의 실패를 이유로 서태후는 혁흔 등을 실각시키고 새로운 세력을 배치했다. 그런 와중에 이홍장은 강화 반대론을 물리치고 프랑스 군인 푸르니에와 협정(Li-Fournier agreement)을 체결했다.

그러나 이 협정에 따라 철병하는 시점에서 대립이 발생해 그해 6월 베트남 북부의 바쿠레(北黎)에서 다시 전투가 벌어졌다. 이어서 프랑스 함대는 마 강(馬江)을 거슬러 올라가 푸젠 함대를 괴멸시켰다. 이리하여 일찍이 좌종당이 선정국 준비를 시작한 이래 고심해 온 과제도 물거품이 되었다. 나아가 프랑스는 타이완까지 침공했다. 당시 타이완의 방어를 맡은 인물이 이홍장과 관계가 깊은 회군의 유명전(劉銘傳)이다. 프랑스군은 지롱 항(基隆港)을 공격했으나 격전 끝에 물러날 수밖에 없었다. 또한 단수이(淡水) 방면으로 상륙을 시도했지만 결국 실패했다. 다만 타이완 근처의 펑후(澎湖)제도는 프랑스군에 점령되었다.

이 청불전쟁은 결국 1885년 톈진조약으로 종결되었다. 이로부터 베트남 영토 안에서 치안을 프랑스가 담당하게 되었고 청조 군대는 개입할 수 없게 되었다. 청조는 프랑스와 베트남 사이에 맺은 조약을 존중하고 또한 중월 관계는 중국의 '위망체면'(威望體面)을 손상시키지 않고 프랑스와 베트남의 조약에 반하지 않는 것으로 정해졌다.

이 '위망체면'은 상당히 이해하기 어려운 부분이지만 본래 이홍장-푸르니에 협정에 들어 있는 말이다. 1884년 5월에 체결한 이홍장-푸르니에 협정에는 "지금 베트남과 개정하려고 교섭하는 조약에는 절대로 중국의 '위망체면'을 손상시키는 표현을 넣지 않을 것을 프랑스는 약속한다"고 되어 있다. 구체적으로 말하면 1883년의 후에조약(아르만조약)에는 "중국을 포함하여 모든 대외 관계를 프랑스가 장악한다"라고 되어 있는데, 1884년 6월의 후에조약(바토노토르조약)에서는 '중국을 포함하여'라는 부분이 삭제된 것을 의미하는 것이라고 생각한다. 여하튼 프랑스는 베트남과 청조의 종번(宗藩) 관계를 끊는 데 관심이 있었고, 중국은 그것을 명시하는 것은 체면이 걸린 문제라고 반발한 것이다.

1885년의 톈진조약에는 응우옌 왕조와 청조의 종번 관계 단절에 대해 명확한 규정은 없고 '위망체면'을 존중한다는 다소 애매모호한 표현을 사용하고 있다. 아마 청조의 강화조약 반대론자를 납득시키기 위한 방편으로 이러한 표현이 채택되었을 것이라고 생각한다. 청조는 톈진조약에서 후에조약을 승인한 것이 되므로 사실상 장차 베트남 문제에 개입할 여지가 없어졌지만, 조약 내용에는 그 점을 명확히 밝히지 않고 있다.

이러한 미묘한 결과를 낳은 배경에는 청불전쟁의 군사적 측면이 있다. 전반적으로 보면 프랑스군이 우세하다는 견해도 가능하지만, 청조 측도 선전해 국지적으로는 승리를 거두고 있었으며, 아직 이홍장이 거느리는 북양해군 같은 군사력도 온존하고 있었다. 따라서 어느 쪽도 승리를 장담할 수 없는 상황에서 체결된 강화이기 때문에 원칙론을 될 수 있으면 피하고 실제적인 문제를 규정하고자 한 것이 톈진조약이라고 할 수 있다.

베트남에서는 문신층(文紳層)을 중심으로 프랑스에 대한 저항운동이 계속되었지만, 점차 진압되어 프랑스의 식민지 지배를 받게 되었다.

이홍장은 베트남 문제에 대응하면서 한편으로 조선 문제에도 신경을 곤두세우고 있었다. 그는 1879년 일본이 류큐 번을 폐지하고 오키나와 현을 설치한 것(폐번치현)에 대해 매우 깊은 우려를 표했다. 이는 류큐라는 속국이 사라지는 것에 그치지 않고 같은 일이 조선에서도 되풀이되는 것을 커다란 위협으로 여겼기 때문이다. 이홍장은 일본이 조선에서 세력을 펼치는 것에 대항하는 수단의 하나로 조선왕조 정부에게 서양 여러 나라들과 조약을 체결할 것을 권했다.

1880년 조선에서 일본으로 파견된 수신사 김홍집(金弘集, 1842~1896)은 청조의 주일 공사관에 근무하는 황쭌셴(黃遵憲)이 저술한 《조선책략》이라는 서적을 갖고 돌아왔다. 이 책은 조선에게 미국과 조약을 체결할 것을 권고하고 있는데, 주일 공사 하여장(何如璋, 1838~1891)의 방침에 의거한 것이다. 이리하여 이듬해 김윤식(金允植, 1835~1922)은 톈진에 갔을 때 이홍장에게 미국과 조약 교섭을 희망한다고 전했다.

1882년 미국 전권대사 로버트 슈펠트(Robert W. Shufeldt, 1822~1895)와 조약 교섭이 진행되었다. 이홍장은 서울에서 체결될 조인식에 자신의 심복인 마건충(馬建忠, 1844~1900)을 파견해서 감독하게 했다. 논의의 초점은 "조선은 청조의 속국이며 내정과 외교는 자유이다"라는 내용을 조약에 포함시킬 것인지 여부였다. 이 점에 대해서 슈펠트는 주권국가 간의 조약 내용으로는 적절하지 않다고 반대했으나, 이홍장은 어떻게든 속국이라는 단어를 남겨 두고 싶어 했다. 타협책으로 미국 대통령 앞으로 '조회'(照會)를 별도로 보내 거기에 '속국이되 자주'라는 점을 명기하는 것으로 했다. 실상 '속국이되 자주'라는 말의 의미에 대해 미국 측의 이해는 얻지 못했으나, 5월 2일 조선과 미국 사이에 조약(조미수호통상조약)은 체결되었다. 또한 조선은 똑같은 조약을 영국, 독일과도 체결했다.

그런데 1882년 7월 개혁이 진행되는 가운데 불만을 품은 구식 군대 군인들이 반란을 일으켰다. 이를 계기로 민씨 정권이 무너지고 고종의 아버지인 흥선대원군이 권력을 장악했다. 이해의 간지(干支)를 따서 이 사건을 임오군란(壬午軍亂)이라고 부른다. 일본은 자국 공사관이 습격을 당했다는 이유로 군대를 파견했고, 이에 질세라 청조도 마건충과 군대를 파견했다. 마건충이 대원군을 사로잡아 텐진으로 호송하면서 반란은 진정되고 민씨 정권은 권력을 되찾았다.

마건충의 지시에 따라 조선은 그해 8월 일본과 제물포조약을 체결했다. 또 10월에는 청조와 조선 간에 상민수륙무역장정(商民水陸貿易章程)을 체결했다. 조선의 개항에 대응하여 그때까지의 해상무역 금지를 풀고 상호 상민을 보호하는 제도를 만든 것이다. 이 전문에는 "수륙무역장정은 중국이 속방을 우대하는 취지에 의한다"라고 명시하고 있어, 그 규정을 타국이 원용하는 것을 인정하지 않고 있다. 청조와 조선 간의 특별한 관계를 명문화한 것이다.

이렇듯 청조는 조선에 대한 실질적인 간섭을 강화해 나갔지만 조선 측의 반발을 불러일으켰다. 마침내 1884년 청조의 군사력이 청불전쟁에 주력하고 있는 상황을 기회로 김옥균, 박영효 등이 일본 공사관의 지원 아래 갑신정변을 일으켜 일시적으로 권력을 장악했다. 그러나 이 정변은 위안스카이(袁世凱, 1859~1916)가 이끄는 청조군의 개입으로 좌절되고, 김옥균, 박영효 등은 일본으로 망명했다. 일본 정부는 사태를 수습하기 위해 곧바로 서울에 군대를 파견했다. 이 문제를 해결하기 위해 1885년 이토 히로부미(伊藤博文, 1841~1909)는 텐진에 가서 이홍장과 교섭하여 양국이 동시에 조선에서 철병할 것 등을 정한 텐진조약을 체결했다.

그 후에도 위안스카이는 조선에 머물면서 내정과 외교에 개입했다. 게다가 조선은 남하 정책을 전개하는 러시아와 이를 저지하려는 영국의 국제적인 대립 관계의 한가운데에 놓이게 되었다.

동남아시아 밀사　　정관응(鄭觀應, 1842~1921)은 마카오에 근접한 샹산 현(香山縣) 출신의 매판으로 이홍장 밑에서 기선, 전보 등의 사업을 담당했다. 또 개혁 정책에 관한 식견을 모아 《이언》(易言)을 출간하기도 했다.

1884년 청불전쟁의 전운이 감도는 가운데 정관응은 광둥의 해방(海防)을 담당하는 고위 관료한테서 비밀 명령을 받고 동남아시아로 파견되었다. 임무는 프랑스군이 식량을 조달하는 곳인 사이공의 정세를 파악하고 시암(태국) 국왕이 청불전쟁에 어떠한 자세를 취할 것인지를 확인하는 것이었다.

정관응은 사이공, 싱가포르, 방콕, 페낭, 프놈펜을 방문하여 현지에 거주하는 화교의 안내를 받고 각지의 상황을 조사했다. 또한 선상에서 서양 사람이나 일본 사람과도 대화를 나눠 식견을 넓히려고 했다.

싱가포르에서 정관응은 우선 그 지역의 화교인 진금종(陳金鐘, 1829~1892)을 만났다. 시암의 싱가포르 영사를 맡고 있던 진금종은 시암 왕실과 깊은 관계를 맺고 있었다. 또한 청조의 윤선초상국 기선 사업에도 출자하고 있어, 윤선초상국의 운영을 맡아 온 정관응에게 진금종은 시암과의 중개를 부탁하기에 더할 나위 없는 인물이었다. 정관응은 진금종을 만나 이렇게 말했다.

지금 프랑스인은 강대한 힘을 바탕으로 안남(사이공 근처)을 정복하고 프놈펜을 멸망시키려고 합니다. 영국인은 흉폭한 성질을 드러내 인도를 지배하고 버마를 탈취했으며 해변의 남양 제도를 침략하려고 합니다. 모두 통상과 포교를 구실로 삼고 있지만, 무시무시한 본심을 내면에 감추고 있습니다. 베트남은 이미 우롱당했지만, 좀 더 빨리 합종(우방과 연대)해 침략을 저지했어야 합니다. 만일 시암이 여전히 우유부단한 태도로 버마와 연대하고 중국을 따르지 않으면 언제가 반드시 베트남과 같은 운명을 걷다가 영국이나 프랑스한테 멸망당하고 말 것입니다(《南遊日記》, 25쪽).

정관응은 진금종의 소개를 받아 시암을 방문했다. 그 무렵 라따나꼬신(Rattanakosin) 왕국은 라마 5세(출랄롱코른 왕)의 주도 아래 근대화 정책을 추진하고자 했다. 목표는 영국과 프랑스의 식민주의에 맞서 영토를 확보하는 것이었다. 정관응은 시암 왕의 동생을 알현하여 청조와의 관계를 놓고 대책을 논의했다.

우선 정관응은 왕의 동생에게 시암이 프랑스에 원군을 보낸다는 소문의 진위를 물어봤다. 왕의 동생이 대답하길, 확실히 프랑스로부터 그러한 요청이 있었지만 거절했다고 했다. 이어서 정관응은 시암이 19세기 중엽부터 청조에 조공을 바치지 않고 있는 것을 염두에 두고 이렇게 말했다.

귀국이 프랑스를 돕지 않는다는 말씀을 들으니 기쁘기 그지없습니다. 그러나 귀국이 우리 청조의 신하로서 조공을 바친 지 200여 년이 되며 대대로 공손한 태도를 취했던 것은 주지의 사실입니다. 지금 [귀국이] 프랑스 원군으로서 베트남 출병을 하지 않는다고 하심은 조공을 다시 바친다는 말입니까? 그렇지 않으면 중국을 도와 프랑스에 대항한다는 것입니까?(《南遊日記》, 33쪽).

그러나 시암 왕 동생의 대답은 의미심장했다. 그는 시암이 마지막으로 보낸 사절이 광둥에 들어가서 강도의 습격을 당했다고 지적하면서 청조 측에 문제가 있음을 내비쳤다. 그리고 지금까지 국서가 번역 과정에서 내용이 바뀌면서 시암의 의도가 정확히 전달되지 않았음을 거론하며 조공을 중지한 것은 정당하다고 주장했다. 시암 왕의 동생은 오히려 조약 체결을 희망하며 진금종을 톈진에 파견해 이홍장과 협의하고 싶다고 말했다. 정관응은 교섭이 가능하다고 답하고 회담을 마쳤다.

그런데 시암이 청조에 조공을 바칠 때 번역 과정에서 국서의 내용이 바뀐 것은 불가피한 일이었다. 시암의 문자로 쓰인 국서는 청조 황제의 덕을 찬미하는 한문으로 다시 써야만 비로소 베이징에서 받아들였기 때문이다. 그러나 1855년 영국과 보링조약을 체결한 후 근대 외교 제도를 지향한 시암 정부는 그러한 문서의 작위를 계속할 수는 없었다. 이 점에서 조약 체결이 향후 양국 관계의 현안이 되었던 것이다.

이상 정찰 여행은 정관응이 그때까지 지론으로 삼아 온 개혁의 필요성을 재확인하는 기회가 되었다는 사실을 그의 《남유일기》(南遊日記)를 통해서 확인할 수 있다. 그러나 그가 받아들인 동남아시아상은 여전히 중국 중심에서 벗어나지 못하고 있었다. 진금종과 나눈 대화가 서로 통하지 않는 느낌이 드는 것도 그 때문일지 모르겠다. 또한 정관응이 귀국할 때 진금종에게 동행하여 이홍장 등과 교섭할 것을 권했지만 거절당한 사실에서도 두 사람의 입장이 서로 달랐음을 알 수 있다.

진금종은 영국 국적으로 라마 4세와 라마 5세의 신임을 받아 싱가포르에서 시암 왕실을 위해 힘을 쏟았다. 그는 방콕에서 정미업을 하며 백미를 싱가포르에 수출하는 무역업에 종사하고 있었다. 설복성(薛福成)도 1890년 주영 공사로 부임하러 가는 길에 진금종을 만났다. 설복성에 따르면, 진금종은 1877년 산시 성(山西省)에 대가뭄이 들었을 때 의연금을 냈으며 좌종당의 해방(海防) 사업에도 자금을 제공 "나는 중국을 잊지 않고 있다. 앞으로 무슨 일이 있으면 온 힘을 다할 것이다"라고 발언했다고 한다(《薛福成日記》下册, 522쪽).

이처럼 진금종은 다양한 얼굴을 가진 국제적 인물이었다. 청조에서 온 사절을 대할 때의 얼굴은 그중에 하나일 뿐이었다. 여하튼 화교들을 어떻게 파악하고 이용할 것인지는 청조 정부의 중요한 과제가 되었다. 그리고 20세기에 들어서부터는 망명 정객이나 혁명가들도 역시 화교 문제에 깊은 관심을 표하게 된다.

열강과 청조 1870~1880년대 청조는 다양한 국제 대립에 의욕적으로 대처하면서 열강을 상대했다. 앞서 3장에서는 청조가 신장의 무슬림 정권을 무너뜨리고 러시아와 함께 중앙아시아를 분할하는 주체가 되었다는 사실을 서술했다. 앞으로 살펴보겠지만, 끈질기고 노련한 외교 교섭을 통해 될 수 있으면 유리한 고지를 차지한 사례도 적지 않다. 당시 청조의 대외 정책은 적극적으로 주변 지역에 대한 지배와 패권을 지향하는 것이었다고 할 수 있다.

2. 학문과 지식의 전환

증국번의 자기 점검   아편전쟁이 끝난 1842년 말부터 이듬해 초까지 증국번의 일기에는 자기반성의 표현이 자주 등장한다.

    늦잠을 잤다. 완전히 엉망이다. …… 이날 형부(刑部)가 어느 무관을 참수형에 처한다는 잘못된 정보를 듣고 그것을 보러 서쪽 시장(형장)에 갔다. 그런 권유를 가벼이 따른 것은 어진 마음이 없었기 때문이다. 그 점을 후회하고도 곧 돌아오지 않고 잠시 머뭇거리다가 귀가했다. 하루 종일 이런 쓸모없는 짓을 하며 보내고 있으니 그래도 사람이라고 할 수 있을 것인가(광서 22년 12월 16일, 1843년 1월 16일).

    늦잠을 잤다. 정말로 스스로를 경계하려는 마음이 전혀 없다. 아침부터 늘어져 있다. 아침을 먹고 나서 역사책을 10페이지 정도 읽었다. 또 [점심나절에 아내와] 정을 나누었다. 전에 세 가지 맹세를 한 적이 있음에도 벌써 잊어버렸는가. 일기를 쓰면서도 이 정도로 잘못을 고치지 못하니 다른 것은 말할 필요도 없다. 스스로 나아가 금수가 되어 여전히 후안무치한 사람이 바른 사람들, 군자들과 교류할 수가 있을 것인가(광서 22년 12월 19일, 1843년 1월 19일).

여기에서 말하는 세 가지 맹세란 담배를 피우지 않는다, 거짓말을 하지 않는다, 아내와 정사를 삼간다는 것이었다. 증국번은 그 밖에도 일찍 일어나기 같은 갖가지 규율을 자신에게 부과했지만, 일기에 잘 지키지 못했다는 반성만을 늘어놓고 있다.

증국번의 일기 중에서도 이 시기 부분은 특별한 성격을 지니고 있는데, 이는 자기 점검을 목적으로 쓴 것이 아닐까 생각한다. 그 이유는 이 특별한 부분이 시작하는 날의 일기를 보면 알 수 있다. 증국번은 존경하는 유학자 관료 왜인(倭仁)을 만났을 때, 일기를 통해 자기반성을 할 수 있는 수양 방법을 배웠다.

얼핏 보면 우스꽝스러운 수양 방식은 개개인의 도덕적 완성을 존중하는 주자학적 관념에서 나온 것이다. 그것은 단지 개인의 삶의 문제에 그치지 않는다. 증국번이 왜인한테서 듣고 일기에 남긴 내용에 따르면 "인심에 나타나는 선악의 기미는 국가에 치세와 난세의 기미가 있는 것과 상통한다"고 한다(광서 22년 1월 1일, 1842년 2월 3일).

19세기 중엽은 주자학이 부활하는 시기였는데 왜인은 그런 흐름을 대표하는 인물이라고 할 수 있다. 물론 19세기 초까지 유행한 고증학의 흐름이 단절된 것은 아니었다. 그러나 고증학이 새로운 발견을 둘러싸고 경쟁하는 학문으로 전개됨에 따라 무엇을 위해 고증하는가 하는 의구심도 등장했다. 이에 개인의 수양과 치자(治者)로서의 자각을 하나로 결합시키는 주자학적 도덕관념이 재인식되었던 것이다.

베이징의 동문관(同文館)에 수학(數學)을 비롯한 특별 과정을 개설하고 싶다는 총리아문의 제언에 대해 왜인이 반대한 것도, 어디까지나 치자로서의 도덕적 달성만을 근본으로 삼아야 한다는 자신의 사상에 따른 것이다. 이 무렵 동치제뿐 아니라 광서제의 스승이었던 왜인의 영향력은 매우 컸다.

증국번의 일기를 보고 있노라면, 도덕적 수양을 위한 길은 너무도 멀고 엄격한 자기반성 역시 오래 지속되지는 못한 듯하다. 그러나 그는 인심이 사회질서의 근본이라는 관점을 그 후에도 버리지 않았다. 증국번의 학문은 주자학과 고증학을 융합시킨 것이라고 한다. 이런 모습은 유교의 예에 대한 가치관에서 잘 나타난다. 올바른 예를 어떻게 행해야 하는가를 고증하는 일은, 그 예를 실천함으로써 마음을 바로잡을 수 있는 것이므로 주자학적 도덕 수양으로 연결된다는 것이다.

증국번은 태평천국에 맞서 싸울 때 지방의 신사층에게 유교적 윤리와 사람의 도리가 위기에 처해 있다고 호소했다. 그러나 그는 태평천국과 염군의 난을 진압한 후 여러 외세에 대항하기 위해 청조의 자강을 꾀하고 국제사회 속에 청조의 위상을 심어 나가는 일도 하게 되었다. 증국번 나름의 유교적 질서 이념을 살리는 것만으로는 커다란 한계가 있었다고 볼 수 있다.

개혁의 주장　통치의 핵심을 인심의 존재에서 구하는 것에 그치지 않고 구체적인 제도를 통해서 살펴보고자 하는 논법 역시 오랜 역사적 전통을 지닌다. 인심과 정치제도는 예를 통해서 접점을 얻는다. 또한 현상 제도의 결점을 지적하고 개혁 주장하는 경우에도 유교 경전에 기록된 이상적 제도에 담겨 있는 성인의 생각이 인용되는 경우가 많다.

앞에서 말했듯이, 태평천국에 의해 고향인 쑤저우를 떠나게 된 풍계분은 《교빈려항의》(校邠廬抗議)를 저술했다. 이 책은 바로 출판되지 않았지만 풍계분은 증국번에게 복사본을 증정했다. 풍계분이 막료가 되어 모신 이홍장을 비롯하여 당시 유력 인사들도 읽었을 가능성이 높다.

풍계분은 17세기 인물인 고염무를 존경했으며 임칙서를 스승으로 떠받들고 있었다. 이렇게 보면 《교빈려항의》는 제도의 옳고 그름을 논하는 경세론의 흐름을 계승한다고 할 수 있다. 그는 현실 제도를 비판하는 근거로 종종 유교 경전을 언급하고 있다. 물론 무엇이든 '복고'(復古)해야 한다는 입장은 아니다. 그는 시대 흐름에 맞춰 가장 적절한 방식을 취해야 한다는 관점을 전제로 하고 있다.

《교빈려항의》에서는 서양을 배워야 한다는 주장도 보이는데, 이는 외국의 위협을 대비한다는 데 방점이 찍혀 있다. 군사기술 도입과 외국어 학습, 외국 정보 수집 같은 제언은 1860년대 청조의 정책으로 실현되어 갔다.

풍계분보다 젊은 세대인 왕도(王韜, 1828~1897)는 서양 문명에 대한 이해가 깊었다. 왕도는 애초에 과거를 준비했지만 개항 후에 상하이로 가 선교사 밑에서 일을 했다. 나중에는 홍콩으로 건너가 중국어 신문의 선구가 된 《순환일보》(循環日報)를 발행했다. 그는 전 세계가 하나가 되어 가고 있다는 시대 인식을 갖고 있었다.

　　오늘날 서유럽의 여러 나라는 나날이 강성해져 가고 있다. 지혜로운 사람들이 발명한, 증기로 움직이는 배와 자동차는 유럽과 다른 대륙을 연결해 동서 양반구의 구석구석까지 다니면서 멀리 떨어진 섬이나 오지 사람들이 있는 곳까지 찾아다니고 있다. 세계가 하나가 될 징조가 여기에 나타나고 있다(《弢園文錄外編》卷1, 2쪽).

왕도는 이러한 교통수단의 발달로 전 세계가 하나로 연결되고 사람들의 윤리 도덕도 일치해 간다고 보았다. 동방의 성인이 주창한 도덕(유교)과 서방의 성인이 주창한 도덕도 결국은 같은 지점으로 귀착해 간다는 것이다. 이것을 '대동'(大同)이라고 했다.

이렇게 되면 유교 경전의 가치는 상대화되고 정치제도를 꽤 자유로이 논할 수 있는 길이 열리게 된다. 왕도가 《신보》 등에 발표한 논설은 그러한 사상적인 배경을 지니고 있었던 것이다.

고문자와 서예 청대 고증학은 연구 대상으로 문헌뿐 아니라 금석문도 중요하게 생각했다. 청동기에 새겨진 명문(銘文)이나 옛 비석에 새겨진 문장은 문헌 기록과 서술을 보완할 수 있는 중요한 근거가 된다. 그런가 하면, 금석문에 새겨진 글자의 아름다움을 발견하고 자신의 필체로 살리려는 움직임도 나타났다.

천년 세월 동안 한자 서체로서 모범의 지위를 차지해 온 것은 4세기 왕희지(王羲之)와 8세기 안진경(顔眞卿)의 작품이다. 남조(南朝) 문화를 체현하고 있는 왕희지의 서체는 강한 필체에 우아함이 있지만, 진필은 사라져 버렸다. 겨우 모사된 것이 전해져, 그것을 돌에 새겨 탁본을 떠서 만든 법첩(法帖)의 형태로 귀중하게 보관되어 왔다.

이런 상황에서 19세기에 접어들어 완전히 새로운 움직임이 등장했다. 금석문에서 볼 수 있는 다양한 서체에서 아이디어를 얻어 독창적인 서

오창석의 '천축도'(天竺圖, 1909) 천축(남쪽 하늘)과 수선화, 바위는 장수를 상징한다. 그림의 주제는 전통적이지만 색채감과 붓놀림은 독자적인 경지를 보여 주고 있다 (《淸史圖典》12).

체를 만들려는 사람들이 나타난 것이다. 19세기 초 지방 장관을 지낸 완원(阮元)은 고증학의 대가이기도 하지만 금석문에도 조예가 깊었다. 그는 남조 왕희지의 서체라고 하는 법첩이 어디까지 진필의 면모와 품격을 전하는지 의문이며, 그보다 북조 북위(北魏) 시대의 비문에 보이는 웅장한 서체가 더 가치가 있다고 했다.

완원의 영향으로 북위 비문에 대한 관심이 높아졌고 거기에서 영감을 얻어 서체를 만들려는 이들이 나타났다. 또한 더 오래된 서체인 전서(篆書)를 실제 작품으로 살리려는 경향도 있었다. 앞서 3장에서 동치제의 외국 사절 알현을 반대한 인물로 소개한 오대징(吳大澂)은 전서의 대가로 널리 이름이 났다.

전서는 인장(印章)을 새길 때 사용하는 서체이기도 하다. 저장 성에서 태어난 오창석(吳昌碩)은 어려서 태평천국의 전란을 만나 어려운 시절을 보냈다. 관료가 되기 위해 공부했지만 잠깐 벼슬을 했을 뿐이다. 그는 전각(篆刻)으로 생계를 유지하고자 시·서·화(詩書畵) 분야에서 재능을 발휘했다. 상하이가 경제적으로 발전하자 그의 서화와 전각도 높은 가격을 받게 되어 작품을 팔아 살아가는 문인으로서 활약하기 시작했다. 오창석의 작품에는 옛 시대를 회고하는 듯한 분위기가 느껴지는데, 그것이 바로 정신없는 사회 변화 속에서 서화(書畵)를 구매하려는 사람들의 수요를 교묘하게 파악한 결과였는지도 모르겠다.

청말에는 일본에도 새로운 서체의 경향이 전해졌다. 그 과정에는 역사지리학 연구로 유명한 양수경(楊守敬, 1839~1915)의 역할이 컸다. 양수경은 1880년 초대 주일공사 하여장(何如璋)의 수행원으로 일본에 왔다. 그는 일본에 머물면서 중국에서는 이미 사라진 지 오래된 서적을 사모았다. 또한 비문의 탁본 따위를 많이 가지고 왔는데, 이는 근대 일본의 서도사(書道史)에 커다란 자극을 주었다. 서체에 관심이 있는 두 나라의 문인이 다양한 형태로 교류하는 가운데 메이지 일본의 새로운 서도가 탄생한 것이다.

모색하는 캉유웨이　　　　완원(阮元)은 량광 총독으로 광저우에 부임했을 때, 경학 연구를 위해 학해당(學海堂)을 설립하고 광둥에 고증학을 전파했다. 그러나 광둥의 학문이 고증학 일변도로 변해 버린 것은 아니고, 여전히 주자학을 중시하는 학풍이 남아 있었다.

캉유웨이(康有爲, 1858~1927)는 1858년 광저우 난하이 현(南海縣)에서 태어났다. 그의 학문에 커다란 영향을 미쳤던 스승 주차기(朱次琦)도 주자학을 중시하는 학풍을 지니고 있었다. 그러나 캉유웨이는 스승의 가르침에 만족하지 못하고 산속에서 정좌를 하고 유교 이외에도 널리 독서를 했는데, 불교나 서양의 학문에도 관심을 기울였다.

캉유웨이는 상하이를 방문했을 때 한역본 서양 서적을 볼 기회를 얻었다. 그 무렵 중국어로 소개된 서양 문명은 자연과학 분야가 대부분인 실정이었다. 영국인 선교사 월터 메드허스트(Walter Henry Medhurst, 1796~1857) 등이 연 흑해서관(黑海書館)과 이홍장의 영향력 아래 있는 강남제조국의 번역관이 자연과학 계열의 서적을 많이 출판했기 때문이다. 또한 1874년 미국인 선교사 영 알렌(Young J. Allen, 1836~1907)이 기존의 정기간행물에 종교적 색채를 약화시켜 간행하기 시작한 월간지 《만국공보》(萬國公報)도 캉유웨이에게 커다란 자극을 주었다.

강남제조국은 본디 군사공업 발전을 위해 설립된 기관이었기 때문에 이곳에서 출판하는 서적은 대부분 과학기술 분야 중심이었다. 프로테스탄트 선교사들이 이과계의 학문을 소개한 것에는 자연과학의 전개야말로 서양 문명의 우월성을 보여 줄 수 있다는 발상이 자리 잡고 있었다. 게다가 자연의 질서 속에서 그것을 창조한 신의 존재를 찾아낸다는 신학적 입장이 힘을 갖고 있었기 때문일 것이다.

자연과학 서적을 읽은 캉유웨이는 현미경으로 볼 수 있는 미생물의 세계에서 망원경으로 볼 수 있는 화성까지 큰 관심을 기울였다. 우리들 인류라는 존재는 극히 작은 세계와 광대한 우주 속에서 과연 어느 정도의 위치를 차지하고 있는 것일까. 자연과학 지식은 지금까지 그가 갖고 있던 세계관을 크게 변화시켰다. 아직 서양의 문학작품과 사회과학 이론서는 소개되지 않았지만, 이과계 학문 역시 커다란 사상적 충격을 가져다주었다.

유클리드 기하학도 캉유웨이를 매료시켰다. 뒷날 저술한 《실리공법

캉유웨이 광서제를 옹립하여 개혁을 시
도했으나, 서태후를 비롯한 보수파에 밀
려 실패했다.

전서》(實理公法全書, 1891년 이후에 완성)는 바로 기하학의 증명법에 따라
사회의 질서를 바로잡으려고 한 것이다. 인간의 본성으로 돌아가 윤리를
논리적으로 도출하려는 경향은 과격한 결론에 도달할 수도 있다. 예를
들면 "본디 혼과 혼이 오랫동안 화합하는 것은 무척 어려운 일이다"라는
전제에서 출발해 결혼 제도 자체를 부정하기에 이른 것이다.

1888년 캉유웨이는 과거 시험을 보기 위해 베이징으로 갔다. 거기에
서 청불전쟁 후의 정세를 우려해 대담한 개혁을 담은 상서를 황제에게
상주하려고 했지만, 아무도 상대해 주지 않았다. 캉유웨이는 할 수 없이
금석문 연구를 하며 시간을 보냈다. 베이징은 서점이나 장서가가 많아
비석의 탁본 같은 것을 쉽게 손에 넣을 수 있었다.

이윽고 캉유웨이는 귀향하여 학문과 교육에 전념했다. 1891년에는
《신학위경고》(新學僞經考)를 완성했다. 이 서적에서 전한(前漢) 말의 학

자 유흠(劉歆)이 경서를 만들어 왕망(王莽)이 한 왕조의 제위를 찬탈하는 것을 방조했다고 주장했다. 오래전부터 공자의 가르침을 전하는 서적이라고 믿어 온 몇몇 경서가 실은 위작이라는 것이다. 이는 당시로서는 경천동지할 만한 주장이었다. 그러나 청대 고증학의 성과 중에서 어떤 경서의 일부는 공자의 것이 아니라 후세에 만들어진 것이라고 증명한 사례도 있었으며,《신학위경고》도 고증의 형식을 취하고 있었다. 다만, 캉유웨이는 자신의 학설에 적합하지 않은 사료는 모두 위조되었다고 단정하는 다소 무리한 논법을 전개하고 있다.

《신학위경고》도 철저한 의심이라는 점에서는《실리공법전서》의 정신과 서로 통한다. 게다가 이와 같이 경서를 의심하는 작업은 캉유웨이가 생각하는 공자의 참된 가르침을 밝히는 근거가 된다. 그리고 캉유웨이는 공자야말로 위대한 정치 개혁가였다는 견해를 표방하고, 청조의 개혁을 추진하는 근거로 삼고자 했다. 이리하여 청대 고증학은 본래의 취지와는 달리 정치적으로 이용되는 뜻밖의 방향으로 전화되었다.

3. 청조의 종말

타이완 성의 성립 타이완을 어떻게 통치해 나갈 것인가 하는 문제는 19세기 후반 청조의 중요한 과제가 되었다. 1871년 류큐 선박이 표류하다 타이완에 도착했는데, 여기에 타고 있던 미야코지마(宮古島)의 도민이 타이완 원주민에게 습격당하는 사건이 발생했다. 1874년 일본은 이 사건을 빌미로 타이완을 침략했고, 이에 충격을 받은 청조에서는 타이완 방어에 대한 논의가 높아져 갔다.

타이완은 푸젠 성(福建省)에 속해 있었지만, 바다를 사이에 두고 있어 행정이 두루 미치지 못했기에 푸젠 순무가 반년 정도 타이완에 주재하는 일도 많았다. 1884~1885년에 일어난 청불전쟁 때 프랑스군이 타이완 북부를 공격하고 타이완 근처의 평후제도(澎湖諸島)를 점령했다. 이러한 배경 아래 1885년 조정은 타이완을 직접 관할하기로 했다. 그리고 1888년까지 실제로 푸젠 성으로부터 행정·재정상의 분할을 추진했다.

최초로 타이완 성의 통치를 맡은 인물은 유명전(劉銘傳)이다. 그는 본디 이홍장의 휘하에서 염군의 진압 작전에 전공을 올렸으며, 청불전쟁 때는 타이완 방어를 담당한 바 있다. 유명전은 타이완을 성으로 분리시키는 것이 시기상조라는 의견을 가지고 있었지만, 초대 순무로서 임무를 부여받은 이상 의욕적으로 정책을 펼쳐 나갔다.

유명전은 토지세의 수입을 늘리기 위해 토지 소유 실태를 조사했다. 원주민 동화정책도 적극적으로 추진해 지배 영역을 확대해 나갔다. 철도와 통신, 우편 사업, 외국어와 과학기술 교육 사업 그리고 경제 사업 진흥에도 관심을 기울였다.

타이완 성을 통치하는 관청은 본디 오늘날의 타이중 시(臺中市) 부근에 있었지만, 유명전은 타이베이(臺北)에 머물면서 통치했다. 숱한 우여곡절을 거치면서 상수도와 전기, 쓰레기 처리 설비 등을 타이베이에 도입했다. 타이완에서 인구가 많은 곳은 타이난(臺南) 지역이었지만, 19세기 말 타이완 북부에서 차업(茶業)이 발전하면서 경제의 중심이 서서히 북부로 이동했다. 유명전이 타이베이를 중심으로 신규 사업을 추진한 것은 그러한 경제 동향과 무관하지 않을 것이다.

청조 치하의 다른 성과에 견주어 보면 유명전이 타이완에서 실시한 정책은 선진적인 것이라고 할 수 있다. 다만 모든 사업을 성공적으로 추진하기에는 재원이 부족했고 개혁이 다소 급하게 진행되었다. 그가 자리에서 물러난 뒤 대부분의 사업이 중지된 것도 재정 긴축이라는 요인이 크게 작용했다. 그러나 유명전의 통치가 장차 타이완이 발전하는 데 하나의 중요한 계기가 되었음은 부인할 수 없다.

청일전쟁과 개혁의 시동

청불전쟁 후 이홍장은 자신이 지휘하는 북양해군을 더욱 강화해 나갔다. 독일로부터 구입한 '진원'(鎭遠), '정원'(定遠) 두 척의 전함을 중심으로 웨이하이웨이(威海衛, 산둥반도)와 뤼순(旅順, 랴오둥반도)의 2개 항구 기지를 정비했다. '진원'과 '정원'은 1886년과 1891년에 일본에 친선 방문한 적이 있는데, 이 때문에 일본의 여론을 자극시켜 청조 해군에 대한 위협론이 들끓었다(2권 1장 청일전쟁 부분 참조).

1894년 조선에서 동학농민전쟁이 발생하자 청일 양국은 각각 조선에 파병했고 이어서 전쟁을 벌였다. 청일전쟁은 대체로 일본군의 우세 속에서 진행되었다. 이듬해인 1895년 시모노세키조약에서 청조는 조선에 대한 종속 관계를 포기하고 타이완 등을 일본에 할양하며 배상금을 지불하기로 했다(배상금 규모는 당시 청조 정부 한 해 수입의 3배에 달하는 막대한 금액으로 3년 안에 지불해야만 했다―옮긴이).

패전의 책임을 지게 된 이홍장의 처지는 곤혹스러웠다. 마침 과거 시험을 위해 베이징에 와 있던 캉유웨이는 수험생을 모아 강화를 반대하는 상주문을 올리게 된다. 이 상주문에는 수도를 옮겨 적에 맞서 싸우고 변법(정치제도 개혁)을 추진해야 한다는 주장이 담겨 있었다.

캉유웨이와 그 제자 량치차오(梁啓超) 등은 변법을 위해 새로운 형태의 정치 운동을 시작했다. 이 운동은 학회라는 정치 결사를 만들고 잡지를 통해 선전하는 방식으로 운동을 벌였다. 캉유웨이가 생각하는 정치 변혁의 이론적 기초는 공자개제설(孔子改制說)이다. 말하자면 공자는 태고의 성인에 의탁해서 정치제도를 창작한 위대한 인물로서, 오늘날 위기의 시대는 공자가 행한 것과 같은 새로운 제도 구축이 불가결하다는 의미를 담고 있다.

조정에서는 여전히 서태후가 권력을 장악하고 있었지만, 광서제는 1887년부터 친정을 시작했다. 1889년 캉유웨이는 마침내 광서제의 신임을 얻어 변법을 시작했다. 잇따라 변법 상유가 내려졌으나 서태후의 불만을 초래했다. 게다가 여러 관료와 사대부도 캉유웨이가 주창하는 공자개제설 등 경학(經學)의 새로운 해석에 전혀 찬동하지 않았다. 그 무렵 좀 더 온건한 개혁론인 풍계분의 《교빈려항의》, 장지동의 《권학편》(勸學篇)이 조정의 명으로 인쇄되어 보급된 것은 캉유웨이의 학설을 받아들일 수 없다는 사람들의 의지를 암시하고 있다.

이 무술년의 변법운동은 광서제의 신임을 얻었을 뿐 지지 기반이 너무나 취약했다. 마침내 서태후는 군사력으로 변법을 중지시켰다. 광서제는 유폐되고 관계자는 체포되었다. 캉유웨이와 량치차오는 서로의 안부를 확인할 경황도 없이 저마다 망명하여 가까스로 일본에서 재회할 수 있었다.

신정에서 혁명으로   1900년 화북 민간신앙의 흐름을 계승하는 의화단 운동은 톈진과 베이징으로 확산되어 조계와 공사관을 공격했다. 청조도 외국인에 대한 공격을 명하는 상유를 내렸다. 하지만 그 결과 8개국(일본·러시아·영국·미국·프랑스·독일·이탈리아·오스트리아) 연합군에 의해 톈진과 베이징이 점령되고, 의화단 관련자들은 참혹한 탄압을 받았다.

일시적으로 시안(西安)으로 피난한 조정은 신정(新政), 즉 정치 개혁을 단행해 과거제도를 폐지하고 실업을 진흥하는 정책을 시행하게 되었다. 그중에서도 과거제 폐지는 특별한 의미가 있었다. 새로운 교육제도가 도입되어 해외 유학, 특히 일본 유학 바람이 크게 불었다.

한편, 망명한 캉유웨이 일파는 해외에서 지지자를 구하기 위해 선전 활동을 벌였다. 지지를 호소하던 대상은 화교와 유학생이었다. 그런데

량치차오 입헌군주제를 주장하며 스승 캉유웨이와 무술변법을 시도했으나 실패하고 일본으로 망명했다.

20세기에 들어서면 쑨원(孫文)과 같이 청조 타도를 지향하는 일파가 등장한다. 본디 캉유웨이와 쑨원은 대외적 위기에 대비해 급속한 정치 개혁이 필요하다는 점에서는 대부분 견해를 같이했지만, 별도의 정치 집단을 만들어 서로 다른 기치를 내걸었다. 즉 캉유웨이는 '보황'(保皇, 광서제 하의 정치 개혁)을 기치로 내걸고, 청조를 타도하는 '혁명'을 지향하는 집단과 대립하게 되었다. 보황파와 혁명파 두 그룹은 저마다 화교와 유학생 지지자를 획득하기 위해 해외에서도 치열한 경합을 벌였다. 청조도 1905년 무렵부터는 입헌군주제를 도입하고 지방자치의 기초를 세우는 것으로서 지방의 신사를 지지 기반으로 한 체제 만들기에 나섰다.

　그런데 혁명파는 내부적으로 매우 복잡한 분열 조짐을 드러냈다. 게다가 광둥을 비롯한 남방의 무장봉기를 시도하는 쑨원의 작전도 연이어 실패했다. 결국 성공한 것은 군대에 잠입해서 동지적 연대를 확산시키는 방책이었다.

　청조 붕괴의 계기가 된 것은 철도 건설 문제였다. 청조는 세수입 등을 담보로 외국 자본을 도입함으로써 전국의 철도를 정비하고자 했다. 1911년 청조가 간선 철도의 국유화를 선언하자, 쓰촨 성에서는 이미 철도에 투자한 주주들이 격렬하게 저항했다. 이것이 폭동으로 발전하는 정세 속에 우창(武昌)의 군대에서 봉기를 일으켜 후난 성은 청조로부터 독립을 선포했다. 그러자 남방의 여러 성도 잇따라 독립을 선포했다. 이미 각 성별로 결집한 지역의 유력자에게 더 이상 청조가 필요하지 않았던 것이다.

　이에 청조는 은거하고 있던 위안스카이를 기용해 혁명의 진압에 나섰다. 청조는 여전히 북방에서 강력한 권력을 장악하고 있었기 때문에 중화민국을 건국한 혁명파도 타협하지 않을 수 없었다. 그래서 1912년 위안스카이는 혁명파와 타협하여 선통제(宣統帝, 재위 1908~1911)를 퇴위시키는 대신에 자신이 중화민국의 임시대총통에 취임했다. 이리하여 270여 년에 걸친 청조 정권은 막을 내리게 되었다.

결 론

18세기 말 최고의 전성기를 누리고 있던 청조는 서서히 체제 위기에 빠져들었다. 오랜 평화와 급격히 늘어난 인구로 인해 사회문제가 발생했고 재정난이 심했으며 관계(官界)의 규율이 흔들리게 되었다. 이에 가정제와 도광제는 의욕적으로 통치를 쇄신했으며 도주(陶澍), 임칙서(林則徐) 같은 관료도 개혁에 착수했다.

그러나 19세기 전반기 세계 금융의 동향은 은의 유입을 전제로 재정을 운영하고 있던 청조에 커다란 위기감을 가져다주었다. 도광제가 은 유출의 원인으로 지목된 아편 문제를 해결하기 위해 노력한 결과 청조는 영국과 전쟁을 벌이게 되었다.

19세기 중엽 태평천국의 반란과 제2차 아편전쟁은 청조의 존망을 뒤흔들었다. 다행히 1860년대 이후 청조는 영국과 관계를 안정시켰고 이런저런 반란도 점차 진압되어 갔다. 그리고 1870~1880년대에는 열강과 치열하게 경쟁하는 가운데 영토를 유지하고 때로는 주변 국가들에게 영향력을 강화하기도 했다.

청조가 체제를 재건할 수 있게 된 데에는 몇 가지 이유가 있다. 각지의 신사에 대해서는 매관 등으로 온갖 관위를 부여하고 실질적인 지방 경영을 위임해 지지를 얻어 냈다. 또한 대외무역이 발전하고 상품유통이 활발해짐에 따라 막대한 세수입을 확보할 수 있었다. 19세기 중엽 미국과 오스트레일리아에서 금광이 발견되면서 넘치게 된 은은 청조를 비롯한 아시아로 흘러 들어오게 되었다. 외국 은행의 투자 활동도 마찬가지 흐름을 보였다. 또한 해관에 고용된 로버트 하트와 조지 데트링의 활약으로 영국 등이 만든 군사적·경제적 국제 질서를 이용할 수도 있게 되었다.

이리하여 위기를 극복하고 근대 세계 체제에 대응하면서 청조의 통치는 변화해 갔다. 본래 동북아시아에서 기원하여 광대한 내륙지역을 정복한 청조의 국가 체제에서 통치를 지탱하는 중심은 점차 동남쪽 연해부로 기울어져 갔다. 예를 들면 좌종당이 산시(陝西)에서 신장에 걸쳐 발생한 무슬림 반란을 진압할 수 있었던 것은, 청조가 거액의 군비를 해상무역의 관세로 충당하고 상하이에 진출한 외국계 은행이 청조에 차관을 제공해 주었기 때문이라는 사실을 간과해서는 안 된다.

기선(汽船)의 시대는 연해부와 양쯔 강 유역의 발전에 유리한 환경을 마련해 주었다. 그러나 변경과 내륙의 여러 지역은 발전에서 제외되었다. 청조의 관심을 받지 못한 지역은 불리한 상황을 극복하지 못한 채 정체 국면으로 들어갔다. 현대 중국에 나타나는 연해부와 내륙부의 경제적 격차는 바로 19세기부터 그 기원을 찾을 수 있다.

청조와 국민국가 이념 청조가 동북아시아에서 출발하여 역사상 드물게 광대한 영역과 어마어마한 인구를 지배할 수 있게 된 데에는 만주인들의 역량뿐 아니라 우연적인 사정도 많이 작용했다. 청조의 최대 난적이었던 명조가 이자성(李自成)의 농민반란군에 의해 멸망한 것은 청조의 발전이라는 측면에서 보면 뜻밖의 행운이었다. 그리고 중가르와 치른 싸움에서 승리한 뒤에는 몽골에서 티베트 그리고 톈산북로·남로까지 통치 영역을 확대했다.

청조의 통치 방식은 일원적인 것은 아니었다. 예를 들면, 몽골인이라고 해도 초기부터 청조를 추종하여 팔기(八旗)에 들어온 자와 중가르 평정 후에 비로소 귀순한 자 사이에는 차별이 있었다. 티베트의 달라이 라마는 청조의 보호를 받게 되었지만, 이것은 불교적인 어휘로 설명할 필요가 있다. 한족에게 강요한 변발도 신장의 무슬림이나 티베트 사람들에게는 강요하지 않았다. 번속국의 대우도 저마다 사정에 따라 다 달리 정해져 있었기 때문에 무언가 통일적인 원칙으로 설명될 수 있는 것은 아니었다.

이처럼 왕조 권력의 개별적인 논리로 저마다 관계를 맺게 된 사람들이 전체로서 청조라는 국가를 구성하고 있었던 것이다. 그러나 이런 상황은 근대 국민국가의 이념에 비추어 볼 때 상당히 곤란한 문제를 내포하고 있었다. 국민국가의 정치권력이 정당화되기 위해서는 국민의 의사가 필요하고 '국민은 하나다'라는 전제가 필요하다. 그때까지 황제 지배 체제에서는 불필요한 설명이 20세기에 이르러 필요하게 된 것이다.

20세기 초기 벌어진 량치차오와 혁명파의 논쟁 속에는 이 국민을 어떻게 구성할 것인가 하는 문제가 진지하게 검토되었다. 량치차오는 만(滿) 한(漢)의 구별을 강조하지 않는 입장에 서서, 청조 판도의 범위에서 국민의식을 육성할 것을 지향했다. 이에 대해 혁명파의 논객인 왕징웨이(王精衛, 1883~1944)는 민족에 바탕을 둔 국민이라는 관점을 명확히 제시했다.

그러나 량치차오와 왕징웨이는 광둥 사람이었기 때문에 청조가 내륙 아시아로 세력을 확대한 사정에 대한 인식은 부족했던 것 같다. 논의의 초점은 왜 청조의 통치 범위와 국민국가를 관련시켜야 하는가 하는 점에 있었지만, 이 점에 대해서 량치차오와 왕징웨이 모두 충분한 설명을 하지 못하고 있다. 청조가 통치해 온 범위 안에서 국민을 형성한다고 해도, 그 범위는 어째서 정당화될 수 있는가 하는 의문에 대해 두 사람은 명확히 답하지 못하고 있다. 실제로 할하(Khalkha) 지방을 중심으로 하는 몽골은 청조가 소멸하자 중국의 국민 형성에 가담하지 않겠다는 의지를 천명하고 별도의 국가 건설로 나아갔다. 한편 '민족이야말로 국민의 실체다'라고 한다면 각 민족이 스스로 국민국가를 건설해야만 한다는 논리가 성립된다. 따라서 논리적으로 청조의 판도를 분열시켜야 한다는 주장이 타당성을 얻지만, 실제 그 정도로 철저하게 주장한 반청 혁명론자는 없었다.

중국 근대사의 기점, 청조 이상과 같이 청조 통치와 국민국가 이념의 뒤틀림을 의식한다면, 우리가 이 책에서 살펴본 청조의 역사가 어째서 중국 근현대사의 일부가 되는가 하는 의문도 생기게 마련이다.

그런데 청조라는 국가를 총체적으로 시야에 넣어 두지 않으면, 20세기부터 오늘날에 이르는 중국의 역사를 이해하는 것은 불가능하다. 즉 동북아시아에서 기원해 광대한 내륙 아시아에서 세력을 떨친 청조라는 국가가 20세기 초까지 존재했고, 그 전제 조건 속에서 근현대 중국사가 전개되었다는 사실을 분명하게 인식할 필요가 있을 것이다.

가령 19세기 후반 세계적으로 상당한 영향력을 끼친 '인종'이나 '민족' 같은 의사(疑似) 과학 이론도 이 만주인 왕조를 분석한다는 문맥에서 받아들여졌다. 만일 '한족'과 '만주족'이 다른 종족이라고 한다면 '한족'은 어째서 '만주족'의 지배를 그대로 용인할 수 있는가? 이러한 만주인 지배를 부정하는 주장은 결국 '한족'의 우수성을 강조하게 되어 그 후 국민 통합에 커다란 영향을 미치게 되었다.

청조의 판도는 영역을 확대해 가는 과정에서 다양한 사람들을 갖가지 방식으로 지배하면서 성립하여 마침내 광대한 영역을 통치하기에 이르렀다. 19세기 중엽의 위기를 뛰어넘은 청조는 영국이 패권을 장악하고 있는 근대 세계에 대응하는 가운데 연해부에서 새로운 국면을 전개해 나갔다.

이처럼 대륙 국가로서의 청조의 성격이 변천해 가는 과정에서 유의할 점은 일본의 아킬레스건인 '동아시아'라는 범주의 문제성을 의식하는 것이기도 하다. '동아시아'란 종종 일본과 그 주변 국가라는 의미로 사용되어 중국도 그 속에 포함되는 경우가 많다. 그러나 지난날의 청조는 물론 오늘날의 중국도 광대한 대륙 국가이며, 러시아를 비롯한 여러 나라와 긴 국경을 맞대고 있다. 중국 처지에서 보면 사방으로 국경을 맞대고 있는데, 그중에서 특히 일본이 중요한 의미를 갖게 된 것 자체는 19세기 말 이후 일본의 군사적·경제적 부상이라는 특수한 시대성을 지니고 있었던 것이다.

청조는 말기에 이르러 '제국'이라는 명칭을 사용하기 시작했다. 그런 의미에서 18세기까지 청조를 '제국'이라고 부르는 것은 문제가 있다. '제국'이라는 단어는 본디 중국에서는 사용된 적이 없다. 이런 표현을 사용하게 된 것은 아마도 일본의 영향 때문일 것이다. 1895년에 체결된 시모노세키조약에서는 '대청제국'이라는 명칭을 사용하고 있지만, 이는 '대일본제국'에 맞추어 표현한 것이라고 생각한다. 1908년에 선포된 흠정헌법대강(欽定憲法大綱) 제1조에는 "대청황제는 대청제국을 통치하고 만세일계 영원히 받들어 추대한다"고 되어 있다. 만세일계란 이 시대의 헌법 가운데에서도 대일본제국 헌법에만 등장하는 표현이기 때문에 이 조문 자체도 대일본제국 헌법을 참고했음을 알 수 있다.

이와 같이 헌법에서 황제 권력을 명시하면서 국민 통합을 추진하고자 한 '대청제국'은 '대일본제국'의 근대화 정책을 크게 의식하고 있었다. 신해혁명 이후에도 줄곧 일본은 동쪽에서 경제적·군사적으로 중국에 진출하려는 존재였으며, 여기에 대항하는 형태로 20세기 전반 중국의 국가 형성도 진행되었다.

앞으로 일본에게 중국이 점점 더 중요한 교류 상대가 되리라는 점에는 의심할 여지가 없다. 그러나 오늘날 중국이 역사적 배경으로 지니고 있는 것은 청말의 근대화뿐 아니라, 유라시아 동부를 광역으로 지배했던 청조의 존재이다. 이러한 관점에 설 때 중국에 대한 이해는 훨씬 더 깊어질 것이라고 생각한다.

후 기

　이 책을 집필한 가장 큰 목적은 청조 후반기의 시대상을 생생하게 묘사하는 것이었다. 따라서 일반적으로 쇠망의 과정으로 간주되는 이 시대의 역사를 재조명하는 데 주력했다.

　1911년의 신해혁명으로 청조가 몰락하자 승리한 쪽의 관점에서 청조에 대한 여러 가지 평가가 내려졌다. 외국의 침략에 대해서 아무런 저항도 못한 부패하고 타락한 왕조라는 견해는, 실은 신해혁명을 정당화하고자 하는 정치성을 강하게 띠고 있는 것이기에 우리가 그것을 그대로 수용할 필요는 없다.

　근대 중국의 기원으로서 청조 후반의 역사를 살펴보면, 오늘날 해안지대의 호황과 내륙의 빈곤이라는 경제적 격차의 유래를 파악할 수 있으며, 해결이 쉽지 않은 민족 문제 같은 인류사적 물음에 맞닥뜨리기도 한다. 현대 중국에서 볼 수 있는 다양한 양상도 청조까지 거슬러 올라가 생각해 볼 만한 갖가지 논점을 내포하고 있다.

　이 책을 서술하면서 가장 큰 즐거움은 선학의 연구에서 인용된 사료를 스스로 찾아내서 직접 읽어 보는 작업이었다. 이를테면 민국시대에 간행된《청사고》(淸史稿)〈홍량길전〉(洪亮吉傳)에는 불온한 언동으로 일리에 유배된 홍량길을 용서할 때 가경제의 심경을 담은 말이 인용되어 있다. 그 출전을 찾아서 도쿄 고마고메(駒込)에 있는 도서관 도요분코(東洋文庫)에 가서 가경제의 시집 속에 있는 그 표현을 찾아냈다. 그다지 문학적이라고는 할 수 없지만, 가경제가 일상의 정무와 관계된 시를 지었다는 사실을 알게 되었다. 이 과정에서 가경제의 지나치게 진솔한 통치 자세를 엿볼 수가 있었다. 이 책에서 소개한 사료는 대부분 이미 앞선 연구에서 인용하고 있는 것이지만, 그 해석은 나 나름대로 판단하여 경우에 따라 선학과는 좀 다른 의미를 부여한 대목도 적지 않다.

이 책의 전체적인 흐름은《세계사 사료》제9권(歷史学研究会 編, 岩波書店, 2008)의 중국사 파트 편집을 맡았을 때 작업한 것에 많은 부분 기대고 있다. 그 작업을 함께한 나미키 요리히사(並木賴壽) 선생이 2009년 여름에 갑자기 돌아가셔서, 이 책을 보여 드리지 못해 통한의 아픔을 느낀다.

이 책이 만들어지기까지 이와나미신서(岩波新書) 편집부의 오다노 고메이(小田野耕明) 씨를 비롯한 많은 분들에게 신세를 졌다. 특히 무라카미 에이(村上衞) 선생께서 원고를 읽어 주시고 이런저런 지적을 해주셨다. 깊은 감사를 드린다.

2010년 5월

요시자와 세이이치로

참고문헌

사료

中國第一歷史檔案館 編,《乾隆朝上諭檔》, 檔案出版社, 1991.

中國第一歷史檔案館 編,《嘉慶道光兩朝上諭檔》, 廣西師範大學出版社, 2000.

中國第一歷史檔案館 編,《嘉慶帝起居注》, 廣西師範大學出版社, 2006.

清仁宗,《御製詩》初集, 故宮珍本叢刊影印本, 海南出版社, 2000.

中国人民大学清史研究所·中國第一歷史檔案館 編,《天地會》, 中国人民大學出版社, 1980~1988.

中國第一歷史檔案館 編,《阿片戰爭檔案史料》, 天津古籍出版社, 1992.

奕訢 等 總裁, 朱學謹 等 總纂,《欽定勦平捻匪方略》, 中國方略叢書影印本, 成文出版社, 1968.

中華書局編輯部·李書源 整理,《籌辦夷務始末》同治朝, 中華書局, 2008.

王彥威·王亮 編, 王敬立 校,《清季外交史料》, 外交史料編纂處, 1932~1935.

劉德權 点校,《洪亮吉集》, 中華書局, 2001.

陶澍,《陶文毅公全集》, 近代中國史料叢刊影印本, 文海出版社, 1968.

林則徐,《林文忠公政書》, 近代中國史料叢刊影印本, 文海出版社, 1967.

中山大學 歷史係 中国近代現代史教研組研究室 編,《林則徐集》日記, 中華書局, 1962.

張集馨,《道咸宦海見聞錄》, 中華書局, 1981.

湖南人民出版社 校点,《郭嵩燾日記》, 湖南人民出版社, 1981~1983.

曾國藩,《曾國藩全集》, 岳麓書社, 1985~1994.

顧廷龍·戴逸主 編,《李鴻章全集》, 安徽教育出版社, 2008.

左宗棠,《左文襄公全集》, 近代中國史料叢刊影印本, 文海出版社, 1979.

張之洞,《張文襄公全集》, 近代中國史料叢刊影印本, 文海出版社, 1970.

馮桂芬,《校邠廬抗議》, 續修四庫全書影印本, 上海古籍出版社, 1995.

王韜,《弢園文錄外編》, 續修四庫全書影印本, 上海古籍出版社, 1995.

鄭觀應,《南遊日記》, 中國史學叢書影印本,《中山文獻》, 學生書局, 1965.

蔡少卿 整理,《薛福成日記》, 吉林文史出版社, 2004.

周慶雲 纂,《南潯志》, 中國地方志集成鄉鎮志專輯影印本, 上海書店, 1992.

通信全覽編集委員會 編,《續通信全覽》類輯之部29, 雄松堂出版, 1987.

外務省 調査部 編,《大日本外交文書》, 日本国際協会, 1936~1940.

吉川幸次郎·佐竹昭広·日野龍夫 校注,《日本思想大系40 本居宣長》, 岩波書店, 1978.

田中彰 校注,《日本近代思想大系1 関国》, 岩波書店, 1991.

전체

歴史学研究会 編,《世界史史料9 帝国主義と各地の抵抗Ⅱ》, 岩波書店, 2008.

並木頼壽·井上裕正,《中華帝国の危機》, 中央公論社, 1997.

上田信,《海と帝国: 明清時代》, 講談社, 2005.

菊池秀明,《ラストエンペラーと近代中国: 清末中華民国》, 講談社, 2005.

平野聰,《大清帝国と中華の混迷》, 講談社, 2007.

蕭一山,《清代通史》修訂本, 臺灣商務印書館, 1962.

滋賀秀三,《清代中国の法と裁判》, 創文社, 1984.

坂野正高,《近代中国政治外交史: バスコ·ダ·ガマから五四運動まで》, 東京大学出版会,
　　　1973.

夫馬進,《中国東アジア外交交流の研究》, 京都大学学術出版会, 2007.

岡本隆司·川島真 編,《中国近代外交の胎動》, 東京大学出版会, 2009.

吉澤誠一郎,《天津の近代: 清末都市における政治文化と社会統合》, 名古屋大学出版会.
　　　2002.

小野川秀美,《清末政治思想研究1》, 平凡社, 2009.

佐藤慎一,《近代中国の知識人と文明》, 東京大学出版会, 1996.

梁啓超(小野和子 訳注),《清代学術概論: 中国のルネッサンス》, 平凡社, 1974.

錢穆,《中國近三百年學術史》, 商務印書館, 1937.

서론

石川九楊 編,《蒼海 副島種臣書》, 二玄社, 2003.

リットン·ストレイチー(中野康司 訳),《ビクトリア朝偉人伝》, みすず書房, 2008.

ジョナサン·スペンス(三石善吉 訳),《中国を変えた西洋人顧問》, 講談社, 1975.

1장

岸本美緒,《東アジアの'近世'》, 山川出版社, 1998.

石橋崇雄,《大清帝国》,講談社, 2000(홍성구 옮김,《대청제국》, 휴머니스트, 2009).

杉山清彦,〈大清帝国の支配構造と八旗制: マンジュ王朝としての国制試論〉,《中国史学》18卷, 2008.

柳静我,〈'駐蔵大臣'派遣前夜における清朝の対チベット政策: 1720~1727年を中心に〉,《史学雑誌》113編 12号, 2004.

佐口透,《ロシアとアジア草原》, 吉川弘文館, 1966.

宮崎市定,《雍正帝: 中国の独裁君主》, 岩波書店(岩波新書), 1950(차혜원 옮김,《옹정제》, 이산, 2001).

Benjamin A. Elman, *From Philosopsy to philosopy: Intellectual and Social Aspects of Change in Late Imperial China*, Cambridge, Mass., 1984.

구범진,〈清의 朝鮮使行 人選과 '大清帝國體制'〉,《人文論叢》59集, 2008.

渡辺佳成,〈ボードーパヤー王の対外政策について―ビルマ·コンバウン朝の王権をめぐる一 考察〉,《東洋史研究》46卷 3号, 1987.

増田えりか,〈ラーマ1世の大清外交〉,《東南アジア: 歴史と文化》24号, 1995.

マカートニー(坂野正高 訳註),《中国訪問使節日記》, 平凡社, 1975.

James L. Hevia, *Cherishing Men from Afar: Qing Guest Ritual and the Macartney Embassy of 1793*, Durham, 1995.

黄一農,〈印象與眞相: 清朝中英兩國的觀禮之爭〉,《中央研究院歴史語言研究所集刊》78本 1分, 2007.

小沼孝博,〈19世紀前半'西北辺疆'における清朝の領域とその収縮〉,《内陸アジア史研究》16号, 2001.

野田仁,〈中央アジアにおける露清貿易とカザフ草原〉,《東洋史研究》68卷 2号, 2009.

黒岩高,〈17~18世紀甘粛におけるスーフィー教団と回民社会〉,《イスラム世界》43号, 1994.

蔡少卿,《中國近代會黨史研究》, 中華書局, 1987.

莊吉發,《清代臺灣會黨史研究》, 南天書局, 1999.

陳金陵,《洪亮吉評傳》, 中國人民大學出版社, 1995.

山田賢,《移住民の秩序: 清代四川地域社会史研究》, 名古屋大学出版会, 1995.

山田賢,〈'官逼民反'考: 嘉慶白蓮教反乱の'敍法'をめぐる試論〉,《名古屋大学東洋史研究報告》25号, 2001.

Dian H. Murray, *Pirates of the South China: 1790~1810*, Stanford, 1987.

Susan Naquin, *Millenarian Rebellion in China: The Eight Trigrams Uprising of 1813*,

New Haven, 1976.

大谷敏夫,《清代政治思想史研究》, 汲古書院, 1991.

魏秀梅,《陶澍在江南》, 中央研究院近代史研究所, 1985.

岡本隆司,〈清末票法の成立: 道光期兩淮塩政改革再論〉,《史学雑誌》110編 12号, 2001.

稲田清一,〈清代江南における救荒と市鎮: 宝山県・嘉定県の'廠'をめぐって〉,《甲南大学紀要 文学編》86号, 1993.

Man-hong Lin, *China Upside Down: Currency, Society, and Ideologies, 1808~1856*, Cambridge, Mass. 2006.

Richard von Glahn, "Foreign Silver Coins in the Market Culture of Nineteenth Century China," *International Journal of Asian Studies*, vol.4, part1, 2007.

Alejandra Irigoin, "The End of a Silver Era: The Consequences of the Breakdown of the Spanish Peso Standard in China and the United States, 1780s~1850s," *Journal of World History*, vol.20, no.2, 2009.

衛藤瀋吉,《近代中国政治史研究》, 東京大学出版会, 1968.

横井勝彦,《アジアの海の大英帝国: 19世紀海洋支配の構図》, 講談社(講談社学術文庫), 2004.

井上裕正,《林則徐》, 白帝社, 1994.

井上裕正,《清代アヘン政策史の研究》, 京都大学学術出版会, 2004.

新村容子,《アヘン貿易論争: イギリスと中国》, 汲古書院, 2000.

村尾進,〈カントン学海堂の知識人とアヘン弛禁論, 厳禁論〉,《東洋史研究》44巻 3号, 1985.

村上衛,〈閩粤沿海民の活動と清朝: 19世紀前半のアヘン貿易活動を中心に〉,《東方学報》, 京都 75冊, 2003.

堀川鉄男,《林則徐: 清末の官僚とアヘン戦争》, 中央公論社(中公文庫), 1997.

茅海建,《天朝的崩潰: 鴉片戰爭再研究》, 三聯書店, 1995.

2장

柳父章,《'ゴッド'は神か上帝か》, 岩波書店(岩波現代文庫), 2001.

市古宙三,《洪秀全の幻想》, 汲古書院, 1989.

小島晋治,《洪秀全と太平天国》, 岩波書店(岩波現代文庫), 2001.

菊池秀明,《広西移民社会と太平天国》, 風響社, 1998.

菊池秀明,《清代中国南部の社会変容と太平天国》, 汲古書院, 2008.

茅海建,《苦命天子-咸豊皇帝奕詝》, 三聯書店, 2006.

近藤秀樹,《曾国藩》, 人物往来社, 1966.

Elizabeth J. Perry, *Rebels and Revolutionaries in North China, 1845~1945*, Standford, 1980.

並木頼寿,〈清末皖北における捻子について〉,《東洋学報》59巻 3·4号, 1978.

並木頼寿,〈捻軍の反乱と圩寨〉,《東洋学報》62巻 3·4号, 1981.

王樹槐,《咸同雲南回民事變》, 中央研究院 近代史研究所, 1968.

神戸輝夫,〈清代後期の雲南回民運動について〉,《東洋史研究》29巻 2·3号, 1970.

安藤潤一郎,〈清代嘉慶·道光年間の雲南省西部における漢回対立: '雲南回民起義'の背景に関する一考察〉,《史学雑誌》111編 8号, 2002.

吉澤誠一郎,〈近代中国の租界〉, 吉田伸之·伊藤毅 編,《伝統都市 2 権力とヘゲモニー》, 東京大学出版会, 2010.

岡本隆司,《近代中国と海関》, 名古屋大学出版会, 1999.

James L. Hevia, *English Lessons: The Pedagogy of Imperialism in Nineteenth-century China*, Durham, 2003.

Demetrius C. Boulger, *The Life of Gordon*, London, 1986.

李細珠,《晩清保守思想的原型: 倭仁研究》, 社會科學文獻出版社, 2000.

3장

王曉秋,《近代中日文化交流史》, 中華書局, 1992.

佐々木揚,《清末中国における日本観と西洋観》, 東京大学出版会, 2000.

春名徹,〈1862年幕府千歳丸の上海派遣〉, 田中健夫 編,《日本前近代の国家と対外関係》, 吉川弘文館, 1987.

川島真,《中国近代外交の形成》, 名古屋大学出版会, 2004.

田保橋潔,〈清同治朝列国公使の覲見〉,《青丘学叢》6号, 1931.

曹雯,〈清末外國公使の謁見問題に関する一考察: 咸豊·同治期を中心に〉,《社会文化史学》44号, 2003.

王開璽,《清代外交禮儀的交渉与論爭》, 人民出版社, 2009.

毛利敏彦,《台湾出兵: 大日本帝国の開幕劇》, 中央公論社(中公新書), 1996.

西里喜行,《清末中琉日関係史の研究》, 京都大学学術出版会, 2005.

岡本隆司,《属国と自主のあいだ: 近代清韓関係と東アジアの命運》, 名古屋大学出版会, 2004.

吉田金一,《近代露清関係史》, 近藤出版社, 1974.

中田吉信,〈同治年間の陝甘の回民乱について〉, 近代中国研究委員会 編,《近代中国研究》3輯, 東京大学出版会, 1959.

黒岩高,〈械闘と謠言: 19世紀の陝西·渭河流域に見る漢·回関係と回民蜂起〉,《史学雑誌》111編 9号, 2002.

新免康,〈ヤークーブ·ベグ政権の性格に関する一考察〉,《史学雑誌》96編 4号, 1987.

浜田正美,〈'塩の義務'と'聖戦'との間で〉,《東洋史研究》52巻 2号, 1993.

片岡一忠,《清朝新疆統治研究》, 雄山閣出版, 1991.

千葉正史,《近代交通体系と清帝国の変貌: 電信·鉄道ネットワークの形成と中国国家統合の変容》, 日本経済評論社, 2006.

斯波義信,《華僑》, 岩波書店(岩波新書), 1995.

可児弘明,《近代中国の苦力と〈猪花〉》, 岩波書店, 1979.

園田節子,《南北アメリカ華民と近代中国: 19世紀トランスナショナル·マイグレーション》, 東京大学出版会, 2009.

村上衛,〈19世紀中葉廈門における苦力貿易の盛衰〉,《史学雑誌》118編 12号, 2009.

東條哲郎,〈19世紀後半マレー半島ペラにおける華人錫鉱業: 労働者雇用方法の変化と失踪問題を中心に〉,《史学雑誌》117編 4号, 2008.

莊國土,《中國封建政府的華僑政策》, 廈門大學出版社, 1989.

4장

吉澤誠一郎,〈清代後期における社会経済の動態〉, 村田雄二郎ほか 編,《シリーズ20世紀中国史1 中華世界と近代》, 東京大学出版会, 2009.

田中正俊,《中国近代経済史研究序説》, 東京大学出版会, 1973.

岩井茂樹,《中国近代財政史の研究》, 京都大学学術出版会, 2004.

鈴木智夫,《洋務運動の研究: 19世紀後半の中国における工業化と外交の革新についての考察》, 汲古書院, 1992.

足立啓二,〈大豆粕流通と清代の商業的農業〉,《東洋史研究》37巻 3号, 1978.

曽田三朗,《中国近代製糸業史の研究》, 汲古書院, 1994.

古田和子,〈'湖糸'をめぐる農民と鎮〉,《東京大学教養学科紀要》17号, 1985.

陳慈玉,《近代中國茶業的發展与世界市場》, 中央研究院 經濟研究所, 1982.

林滿紅,《茶·糖·樟腦業与臺灣之社會經濟變遷》, 聯經, 1998.

浜下武志,《近代中国の国際的契機: 朝貢貿易システムと近代アジア》, 東京大学出版会,

1990.

汪敬虞,《唐廷樞研究》, 中國社會科學出版社, 1983.

本野英一,《伝統中国商業秩序の崩壊: 不平等条約体制と〈英語を話す中国人〉》, 名古屋大
　　学出版会, 2004.

帆刈浩之,〈近代上海における遺体処理問題と四明公所: 同郷ギルドと中国の都市化〉,
　　《史学雑誌》103編 2号, 1994.

卓南生,《中国近代新聞成立史 1818~1874》, ぺリかん社, 1990.

李長莉,《晩清上海社會的變遷: 生活与倫理的近代化》, 天津人民出版社, 2002.

梁其姿,《施善与教化: 明清的慈善組織》, 聯經, 1997.

夫馬進,《中國善會善堂史研究》, 同朋舍出版, 1997.

高橋孝助,《飢饉と救済の社会史》, 青木書店, 2006.

Elizabeth Sinn, *Power and Charity: The Early History of the Tung Wah Hospital*,
　　Hong Kong, 1989.

Mary Backus Rankin, *Elite Activism and Political Transformation in China:
　　Zhejiang Province, 1865~1911*, Stanford, 1986.

新村容子,〈清末四川省における局士の歴史的性格〉,《東洋学報》64巻 3~4号, 1983.

武内房司,〈清末四川の宗教運動: 扶鸞·宣講型宗教結社の誕生〉,《学習院大学 文学部研
　　究年報》37輯, 1990.

5장

箱田恵子,〈中英 'ビルマ·チベット協定'(1886年)の背景: 清末中国外交の性格をめぐる
　　一考察〉,《史林》88巻 2号, 2005.

豊岡康史,〈清代中期の海賊問題と対安南政策〉,《史学雑誌》115編 4号, 2006.

岡本隆司,〈清仏戦争への道: 李·フルニエ協定の成立と和平の挫折〉,《京都府立大学学
　　術報告 人文·社会》60号, 2008.

小泉順子,《歴史叙述とナショナリズム: タイ近代史批判序説》, 東京大学出版会, 2006.

宮田敏之,〈シャム国王のシンガポール·エージェント: 陳金鐘(Tan Kim Ching)のライ
　　ス·ビジネスをめぐって〉,《東南アジア: 歴史と文化》31号, 2002.

佐藤慎一,〈鄭観応について:〈万国公法〉と〈商戦〉(2)〉,《法学》48巻 4号, 1984.

閔斗基,《中國近代史研究: 紳士層의 思想과 行動》, 一潮閣, 1973.

増淵龍夫,《歴史家の同時代史的考察について》, 岩波書店, 1983.

包世臣(高畑常信 訳),《芸舟双楫》, 木耳社, 1982.

松村茂樹 編,《吳昌碩談論: 文人と芸術家の間》, 柳原出版, 2001.

坂出祥伸,《康有爲: ユートピアの開花》, 集英社, 1985.

陳捷,《明治前期日中学術交流の研究: 淸国駐日公使館の文化活動》, 汲古書院, 2003.

許雪姬,《滿大人最後的20年: 洋務運動与建省》, 自立晚報文化出版部, 1993.

결론

Kenneth Pomeranz, *The Making of a Hinterland: State, Society, and Economy in Inland North China, 1853~1937*, Berkeley, 1993.

山本進,《環渤海交易圈の形成と收容: 淸末民国期華北·東北の市場構造》, 東方書店, 2009.

茂木敏夫,〈中華帝国の'近代'的再編と日本〉,《岩波講座 近代日本と植民地1 植民地帝国日本》, 岩波書店, 1992.

吉澤誠一郎,《愛国主義の創成: ナショナリズムから近代中国をみる》, 岩波書店, 2003(정지호 옮김,《애국주의 형성: 내셔널리즘으로 본 근대중국》, 논형, 2006).

※ 본문에 직접 언급한 사료를 비롯하여 집필에 참고한 주요 문헌을 제시했다. 각 장마다 분류했지만 반드시 그 장에만 해당하는 것은 아니다. 지면 관계상 모든 문헌을 거론할 수 없지만 여기에 표기하지 못한 수많은 문헌들에서 가르침을 받았다.

연 표

1616	누르하치 칸에 즉위.
1636	홍타이지 국호를 대청으로 정함.
1644	명조의 멸망. 청군 베이징 입성.
1689	청조와 러시아의 네르친스크조약 체결.
1727	청조와 러시아의 캬흐타조약 체결.
1762	청조 일리 장군을 설치.
1781	《사고전서》완성, 간쑤 성에서 무슬림의 반란이 일어남.
1786	타이완에서 임상문의 난이 일어남.
1793	영국사절 매카트니가 건륭제를 알현.
1796	건륭제가 가경제에게 양위. 백련교도의 반란이 일어남.
1813	천리교도의 봉기.
1820	가경제 서거. 도광제 즉위.
1834	영국 무역감독관 네이피어가 광둥에 도착.
1836	허내제, 아편 이금론을 상주.
1838	황작자, 아편 엄금론을 상주.
1839	흠차대신 임칙서, 광둥에 도착.
1840	영국군, 광둥 근해에 집결한 후 북상해서 딩하이를 점령.
1842	청조와 영국의 난징조약, 홍콩을 할양.
1843	청조와 영국의 5개항 통상장정·후먼짜이 추가조약.
1844	청조와 미국의 왕샤조약. 청조와 프랑스의 황푸조약.
1845	상하이토지장정.
1850	도광제 서거. 함풍제 즉위.
1851	홍수전이 천왕에 즉위. 청조와 러시아의 일리통상조약.
1853	태평천국이 난징을 점령. 상하이에서 소도회가 봉기.
1856	윈난에서 두문수가 봉기. 애로호 사건.
1858	청조와 러시아의 아이훈조약. 러시아·미국·영국·프랑스의 톈진조약.
1860	영국-프랑스군의 베이징 입성. 영국·프랑스·러시아와 베이징 조약.

1861	총리아문 성립. 함풍제 서거. 동치제 즉위.
1862	베이징에 동문관 설치.
1863	고든, 상승군의 사령관이 됨.
1864	홍수전 사망, 태평천국 멸망.
1865	야쿠브 벡, 카스(카슈가르)에 정권을 세움.
1870	톈진 교안.
1871	러시아군의 일리 점령. 청일수호조규.
1872	《신보》창간.
1873	윤선초상국 설립. 동치제의 친정 개시. 소에지마 다네오미, 동치제를 알현.
1874	일본의 타이완 침략.
1875	동치제 서거. 광서제 즉위. 마가리 사건.
1876	청조와 영국의 즈푸협정.
1877	곽숭도, 초대 주영공사로서 런던에 부임. 야쿠브 벡 사망.
1879	숭후, 러시아와 리바디아조약을 체결.
1881	증기택, 러시아와 상트페테르부르크조약을 체결.
1882	임오군란.
1884	청조군이 프랑스군과 베트남 바쿠레에서 교전. 신장 성 설치. 갑신정변.
1885	청조와 프랑스의 톈진조약. 타이완 성 설치.
1886	청조와 영국, 버마와 티베트에 관한 협정 체결.
1887	청조와 포르투갈의 리스본의정서 및 베이징조약.
1888	캉유웨이, 광서제에 상서를 시도했으나 실패.
1890	톈진에서 고든홀 낙성.
1894	청일전쟁 발발.
1895	청조와 일본의 시모노세키조약.
1900	의화단전쟁.
1911	신해혁명.
1912	중화민국 성립. 청조 마지막 황제 선통제 퇴위.

옮긴이 후기

　최근 중국 역사학계의 변화를 보여 주는 중요한 흐름의 하나는 '혁명'에 대한 재검토와 '혁명사관'에 대한 비판적 시각이 제기되고 있는 점이다. 중국 근현대사에 대한 연구도 '신해혁명'(1911)과 '중국혁명'(1949)을 단절적으로 이해하는 시각에서 벗어나 연속적으로 이해하려는 견해가 부각되고 있다. 이처럼 역사 발전의 '연속성'을 중시하는 입장은, 혁명을 중시한 나머지 청조를 외국의 침략에 제대로 대응하지 못한 무능하고 부패한 왕조국가라고 보는 시각에 한계를 지적한다. 이런 관점은 근대 중국의 연원을 청조 후반기에서 찾는 연구로 변화를 불러일으키고 있다. 이 책은 이러한 역사 발전의 '연속성'을 중시하는 입장에서 청조의 역사를 새롭게 재조명한 참신한 성과라고 할 수 있다.

　이 책은 최근 이와나미신서(岩波新書)에서 야심차게 기획한 '시리즈 중국근현대사'(전6권) 가운데 1권에 해당하는 《淸朝と近代世界 19世紀》를 우리말로 옮긴 것이다. 지은이 요시자와 세이이치로(吉澤誠一郎)는 이미 몇몇 저작을 통해 '중국'이라는 국가적 범주에서 논하던 방식에서 벗어나 지역에서부터 중국사를 이해하고자 하는 연구를 시도했다. 또한 다양한 역사적 사실을 치밀하게 분석하여 중국의 내셔널리즘이 어떻게 생성되었는가를 구체적으로 밝혀낸 바 있다. 지은이는 학계의 주류 담론과 거시적 담론의 자장 안에 있지만, 중심에서 한발 물러선 자세를 견지하면서 방대한 사료를 섬세하게 고증하여 자신만의 새로운 역사관을 구축해 나가고 있다.

이 책은 18세기 청조의 융성에서부터 시작해서 청일전쟁 발발 전야에 이르는 청조의 역사를 추적하고 있다. 강희제에서 건륭제에 이르는 시기는 일반적으로 성세(聖世)라고 평가되지만, 지은이는 그 번영으로 인구가 급격히 증가하여 사회 부담이 확대되고, 한족과 이민족 간의 분쟁, 관료의 기강 해이 등 적지 않은 문제를 안고 있었다고 한다. 또한 건륭제 말년에 해이해진 정치적 기강을 바로잡기 위한 가경제의 고군분투, 임칙서 같은 개혁파 관료를 중용하여 통치 쇄신을 위해 진력한 도광제에 관한 묘사는 종래 두 황제에 대한 무능한 이미지를 불식시킨다. 실제로 19세기 말 중국에 대한 이미지는 서구 열강의 침략과 잇단 민중반란으로 생겨난 나라 안팎의 위기에 적절히 대응하지 못하고 우왕좌왕하는 무기력한 국가상이었다. 게다가 관료들은 근대화라는 시대적 요구에 등을 돌린 완고한 보수주의자, 자신들의 안위만을 추구하는 무능하고 부패한 세력이라는 인상이 강했다.

그러나 지은이는 19세기 말 대내외적 위기가 고조되는 가운데 황제를 정점으로 하는 관료들이 근대화의 물결 속에서 휩쓸리지 않고 청조의 존속을 위해 어떻게 자기 변혁을 추구해 나갔는지 생생하게 묘사하고 있다. 청조를 근대의 '안티' 세계에 불과하다고 보는 종래의 시각에서 탈피하여 청조의 내재적 변화 속에서 근대 세계를 보고자 한 것이다. 이 책의 제목이 《청조와 근대 세계》인 것은 바로 이러한 의도를 반영한 것이라고 할 수 있다.

　태평천국의 혼란이 수습된 1860년대 청조는 근대화라는 새롭고 모험적인 세계에 도전한다. 이른바 '양무운동'이다. 이 운동은 공친왕 혁흔(奕訢)을 비롯하여 태평천국을 진압하는 데 공을 세운 증국번, 이홍장 같은 지방 관료들의 주도하에 진행되었다. 그동안 양무운동은 청일전쟁의 패배를 근거로 실패한 운동이라고 보는 시각이 일반적이었다. 그와 더불어 양무운동의 정점에 있던 이홍장에 대한 역사적 평가 또한 그다지 곱지 않은 것도 사실이다.

　그런데 지은이는 이 책의 첫머리에서 당시 청조를 방문한 일본 외무대신 소에지마 다네오미의 입을 통해 이홍장을 '불세출의 영웅'으로 묘사한다. 또 이홍장은 영국 군인 고든이나 톈진 해관 세무사 데트링 그리고 소에지마 같은 개성이 강한 인물들과 교제할 만큼 도량이 넓은 인물로 나타난다. 개혁파와 수구파 사이에서 줄타기를 하면서도 적절하게 외국인을 고용해서 청조를 위기에서 안정으로, 근대 국제사회의 일원으로 만들어 나간 뛰어난 인물로 재탄생시키고 있는 것이다. 이런 시도는 이홍장의 새로운 면모를 보여 준다는 점에서 흥미롭다.

　한편, 청조는 서구 열강의 패권주의와 함께 일본의 대두에도 민감하게 반응하고 있었다. 1871년 일본은 조약 교섭을 위해 청조에 대표단을 파견한다. 이 상황을 지은이는 증국번의 입을 빌려, 일본은 원나라 쿠빌라이가 10만 대군을 움직이고도 정복하지 못한 탄탄한 실력을 갖춘 나라로 평가한다. 당시 조공국인 조선이나 류큐, 베트남과는 질적으로 다르다는 것이다. 또한 이홍장은 일본이 서양에 치우치지 않고 청조를 도와줄 존재가 될 것으로 기대하고 있었다고 지적하고 있다. 여기서는 청조의 대표적인 인물의 입을 통해 일본의 존재를 간접적으로 부각시켜,

향후 아시아에서 담당할 일본의 역할을 강조하려는 지은이의 의도를 엿볼 수도 있다.

19세기 말의 위기를 극복하고 근대 세계로 나아가고자 한 청조는 통치의 중심을 광대한 내륙지역에서 점차 동남 연해부로 옮겨 갔다. 근대 기선(汽船)의 시대는 연해 지역과 양쯔 강 유역의 발전에 유리한 환경을 제공했지만, 한편으로 내륙의 드넓은 지역은 발전에서 소외되었다. 이 대목에서 지은이는 오늘날 중국이 안고 있는 연해와 내륙부의 경제적 격차 문제가 바로 19세기에서 기원한다는 점을 강조한다. 이 부분은 19세기와 현재의 역사적 연속성을 보여 준다는 점에서 지은이의 역사관을 드러내는 핵심적 사안이 아닌가 생각된다.

이 책은 '탈중심'의 입장에서 중앙 정치의 동향뿐만 아니라, 주변부에도 세세한 배려를 하고 있다. 신장의 오아시스 지역에 독립 정권을 구축했던 야쿠브 벡 정권의 격파, 일리 지방을 둘러싼 러시아와의 줄다리기 등을 소개하며 청조가 '동아시아' 국가의 일원이기 이전에 광대한 내륙 국가였으며, 지금도 그러하다고 강조한다. 이런 관점에서 중국을 일본과 함께 '동아시아' 범주에 귀속시키는 것에 문제점을 지적하고 있다. 나아가 이 책에서는 현재 일본의 오키나와 현으로 귀속되어 있는 류큐왕국에 대해 많은 지면을 할애하고 있으며, 조선 그리고 베트남을 비롯한 동남아시아 지역에도 많은 관심을 기울여 청조가 어떻게 영토를 유지하고 주변 국가들에 영향력을 강화해 나갔는지를 흥미롭게 분석해서 내놓고 있다.

하와이 국왕 칼라카우아가 일본을 거쳐 청조를 방문해, 유럽인의 위협에 맞서 아시아의 연대를 외치는 장면은 이 책의 폭넓은 시야를 단적으로 보여 준다. 그 밖에도 그동안 중국사에서 누락되어 있던 역사적 사실을 하나하나 짚어 설명한다. 이런 점에서 중국 근현대사를 연구하는 전문가뿐 아니라 일반 독자들에게도 유익한 지침서로 손색이 없을 거라고 생각한다.

2012년 12월
정지호

찾아보기